合伙模式

62个案例讲透31个合伙人制度模式

郑指梁 著

清华大学出版社

北 京

内 容 简 介

商业模式决定了合伙模式。商业模式研究干什么，合伙模式聚焦怎么干。本书介绍了31种合伙模式，包括62个案例，这62个案例相当于合伙的锦囊妙计，方便对号入座，拿来即用，是企业家创业的必修课。合伙模式包括内部合伙及外部合伙两种，内部合伙模式是与员工合伙，是内生性合伙，是存量合伙，其目的是通过合伙激发员工积极性，解放企业家，实现无为而治，本质上是解决为谁干的问题；而外部合伙模式是与外部有资源的人、有权力的人及有钱的人合伙，是外延式合伙，是增量合伙，其目的是整合资源，把企业做大做强，本质上是解决资源交换过程中的对价问题。

图书在版编目(CIP)数据

合伙模式：62个案例讲透31个合伙人制度模式 / 郑指梁著 . —北京：清华大学出版社，2024.2（2024.5重印）

ISBN 978-7-302-65241-0

Ⅰ.①合… Ⅱ.①郑… Ⅲ.①商业模式 Ⅳ.① F71

中国国家版本馆 CIP 数据核字 (2024) 第 020120 号

责任编辑： 施　猛
封面设计： 熊仁丹
版式设计： 方加青
责任校对： 马遥遥
责任印制： 丛怀宇

出版发行： 清华大学出版社
　　　　网　　　址：https://www.tup.com.cn，https://www.wqxuetang.com
　　　　地　　　址：北京清华大学学研大厦 A 座　　　邮　　编：100084
　　　　社 总 机：010-83470000　　　　　　　　邮　　购：010-62786544
　　　　投稿与读者服务：010-62776969，c-service@tup.tsinghua.edu.cn
　　　　质 量 反 馈：010-62772015，zhiliang@tup.tsinghua.edu.cn
印 装 者： 三河市东方印刷有限公司
经　　销： 全国新华书店
开　　本： 170mm×240mm　　　**印　张：** 15　　　**字　数：** 252 千字
版　　次： 2024 年 2 月第 1 版　　　**印　次：** 2024 年 5 月第 3 次印刷
定　　价： 98.00 元

产品编号：104166-01

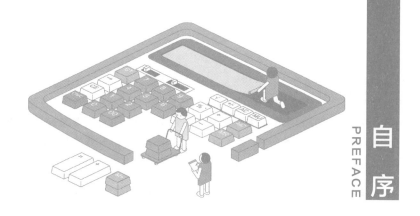

既以与人，已愈多

什么是模式？模式就是解决某一类问题的方法论或标准样式。

什么是合伙模式？合伙模式就是解决合伙问题的方法论或标准样式。

那么，商业模式与合伙模式有什么区别？

我认为这两者的关系是：商业模式研究干什么，是战略问题，也是经营问题，本质上是做对的事情；而合伙模式研究怎么干，是战术问题，也是管理问题，本质上是把事情做对。

因此，商业模式决定合伙模式。

所谓"大道至简"，正如在计算机中，所有的数据都可以用0和1表示；正如《周易·系辞上》所说的"一阴一阳之谓道"。

于是，我把合伙模式分为两种模式，即内部合伙模式和外部合伙模式。

内部合伙模式主要是与员工合伙，是内生性合伙，是存量合伙；而外部合伙模式主要是与外部有资源的人、有权力的人及有钱的人合伙，是外延式合伙，是增量合伙。

请大家思考一下，这两类合伙模式有没有先后之分？

在企业不同阶段，这两类合伙模式有没有侧重点？

在什么情形下，这两类合伙模式可以相互转化？

以上是我对合伙模式的一些理解及思考。

内部合伙以"由虚至实"为指导。

大宋王朝历18帝，国祚319年，未见亲王造反、宗室兵戎相见；而大明王朝历16帝，国祚276年，藩王内斗不断，终酿靖难之役，原因在于两朝对待皇族宗室的政策不同。

宋朝的皇族宗室只有爵位，没有封地，实行食邑制度。这里的"食邑"=虚拟股，相当于小股东们只有虚拟分红权。对于非皇族宗室的有功之臣，赵匡胤通过"杯酒释兵权"，和平地把实股变更为虚拟股。而明朝的皇族宗室既有爵位，又有封地，同时允许他们拥有私人卫队，还把战力最强的边防军交给他们管理。这相当于朝廷既给了实股，又让小股东掌握了表决权及经营权，出现内斗，在所难免。

那么，有什么工具能把大宋王朝的虚拟激励与大明王朝的实股激励有效结合起来呢？其实，有限合伙企业持股模式就有效地解决了这个问题。它是天然的"分股不分权"，即员工拥有实股，只有分红权，但没有任何表决权。

但有限合伙企业持股模式的前置条件仍然是虚拟激励。老板应通过虚拟激励把内部奋斗者、贡献者选拔出来，在其完成考验后再做实股激励。因为实股是老板手上最后的底牌，如果实股激励都失效了，那么还拿什么去激励员工呢？

方案设计要顺应人性。

企业推行实股激励时，一般员工持股数量不多、比例不高，而能力强的员工不满足现状，常常怀揣创业梦想。此时，企业为了消除知己知彼的"竞争者"，内部裂变创业合伙模式走上了舞台，它是合伙的新动向、新趋势，包括内部承包模式、内部跟投模式、内部事业部模式及内部子公司裂变模式4种类型。

其中，内部子公司裂变模式包括非主业的裂变或创新项目的裂变。

对于前者，分两步裂变，前期以公司总部控股及并表为主，让"出力"多的员工获得大于股权比例的分红；后期公司总部持股比例逐渐下降，由控股至参股，结果是员工当大股东，老板当投资人。

对于后者，有两种裂变结果：一是成功，为公司总部的业务转型及商业模式更新探索出一条道路，此时控制权才是最重要的，可以让渡部分分红权并赋予员工更多的职权，以示对有功之臣的褒奖；二是失败，为合伙模式创新积累经验，此时情绪疏导及工作重新分配才是最重要的，否则"无颜见江东父老"的心态会导致具有企业家精神的员工离职。

所以，一般选择那些前景好的、短期有盈利的项目进行内部裂变，让大家赚到钱后，再推行后面的改革事项就水到渠成了。因为士气可鼓而不可泄。

鉴于连锁门店合伙模式很流行，例如海底捞、小菜园、百果园、海澜之家、喜家德等，这些知名的企业完善了师带徒的传承、利益的安排、退出的设计、裂变的补偿及跟投的机制，企业都可以拿来参考。他山之石，可以攻玉。

在内容上，我把连锁门店合伙模式分为直营合伙模式、加盟合伙模式及托管合伙模式，总有一款适合你。

总之，向大公司学习，找自己的机会。

以上是本书第一章的内容。

外部合伙即"资源互换"。

这里的资源既可以是资金，也可以是技术、人脉、人力，甚至是权力。资源等同于对价，资源等同于利益。

于是就有了基于利益内嵌的合伙组合，就有了基于资源互补的合伙意向。

外部合伙模式的基础是合伙各方均为平等主体(注：在内部合伙中，即使员工持有实股股权，老板与员工的权力也是天然不对等的)，更加关注合伙模式的公平自愿、合法合规。

《公司法》[①]目前只认可资金与技术出资占股，不承认人脉、人力及权力出资占股。如果以后者出资，必然存在法律及税务问题。

从税务角度来看，后者免费获得股权，等同于股权转让，转让价格为0元，未来再次转让时税务成本过高，虽然企业可以变相做"股份支付"，但会影响企业的利润。

不过，《合伙企业法》[②]有条件地认可后者出资的合法性，但仅限于普通合伙人(general partner，GP)。从某种意义上来说，《合伙企业法》比《公司法》在

---

　① 　《中华人民共和国公司法》，简称《公司法》。

　② 　《中华人民共和国合伙企业法》，简称《合伙企业法》。

劳务出资规定方面更灵活，说明有限合伙企业可以作为外部人员持股的主流平台。

总之，外部合伙模式离不开顶层设计。

从产业链的角度来看，有上游企业、同行企业及下游企业。

一般来说，上游企业为供应商或厂家，较强势。企业可以购买上游企业的股份，成为上游企业的股东或邀请上游企业以出资或不出资的形式成为本企业的股东，打破这种强势格局。

但对于上游企业来说，下游企业是否入股对上游企业的价值提升不大，下游企业买货，上游企业收款，这种合作已足够；如果下游企业是上游企业的股东了，可能知悉一些商业机密，得不偿失。除非下游企业能给上游企业带来稳定的采购量，例如比亚迪购买了上游企业盛新锂能5.11%的股份。

所以前者少见，而后者多见。但后者背后的逻辑是上游企业的股权值钱，才有后面"婚姻式"合伙的可能性。

所谓"同行相轻""同行是冤家"，意味着同行合伙模式是外部合伙模式当中最难落地的。

让同行成为合伙人，有两种方案：一是提供平台，例如贝壳找房、高德叫车，这种模式不涉及股权，只是业务层面上的合伙，类似"收编"；二是收购兼并，例如美年大健康收购慈铭健康体检、老百姓大药房收购华康大药房，这些均为经典案例。后者就涉及股权了，只是收购的比例会介于51%～100%。

收购兼并有两种类型：一是全部现金收购；二是部分现金＋部分收购方的股权，前提是股权要值钱，多发生于上市公司对外并购中。在实操中，收购兼并一般会伴随对赌的约定并设置竞业禁止的条款。

但无论选择哪种类型，对于收购方来说，都会涉及商誉，当计提商誉减值时，会对并购方经营利润产生重大影响，这也是某些企业"业绩爆雷"的原因之一。

所以，同行合伙模式就是一把"双刃剑"。

企业的下游主要包括经销商、代理商及客户等。下游是企业利润的来源，

"得下游者得天下"。但下游合伙模式有一个特点，即忠诚度不高，容易"改旗易帜"。而要让各方均有黏性，股权是一种很好的工具。

面对下游，企业处于强势地位，可以针对那些符合条件的下游企业实行实股激励，这样做前提还是企业的股权要值钱，例如泸州老窖IPO(initial public offering，首次公开募股)时对经销商实行实股激励，洋河股份IPO前也对经销商实行实股激励，让经销商未来卖股赚的钱远大于卖酒赚的钱。

不过，与下游合伙的趋势是企业对下游合作伙伴进行赋能，包括完善内部管理制度、梳理内部战略方向等。如果能让下游企业"为知己者死"，合伙就成功了。

我把这三类合伙模式概括为：上游=做稳；同行=做大；下游=做量。

总之，大家好，才是真的好。

有一类外部合伙模式比较特殊——招商合伙模式，我国各级政府自然是其中的佼佼者，诞生了耳熟能详的"合肥模式""泉州模式"及"温州模式"，它们共同的特点是由原来的土地招商变为股权招商。我把它称为"政府合伙"模式。

与政府合伙相比，企业招商合伙更市场化，招商工具更丰富化，表现为分销合伙模式、会员合伙模式及城市合伙人模式。

分销合伙模式的代表企业是安利，但涉嫌非法集资。合法是任何合伙模式的前提，"最后一公里"的设计尤为重要。

会员合伙模式多见于超市、美容美发、健身等企业，在实操中一般会搭配"众筹模式"一并使用。此模式有两个好处：一是"轻资产扩张"，即用他人的钱办自己的事；二是有税务筹划的空间，因为会员卡收入的增值税税率为6%，而产品销售收入的增值税税率为13%！

目前城市合伙人模式很时髦，因为城市合伙人迎合了老板们为官的"虚荣"心理诉求。理论上，大家可以把分销合伙模式、会员合伙模式包装一下，升级为城市合伙人模式，只是相同的配方，不同的味道而已。其中的滋味，大家自己领悟。

以上是本书第二章的内容。

综上，对内合伙，能够激发员工积极性，解放企业家，实现无为而治；而对外合伙，能够整合资源，把企业做大做强。

最后，感谢给我们咨询项目的客户们！客户是"衣食父母"，有客户才有咨询项目，咨询项目让我真正体会到"慢工出细活"的工匠精神，以及"实践出真知"的隽永如斯！

同时，咨询项目带给我最大的乐趣在于《道德经》所说的"既以为人，己愈有；既以与人，己愈多"，而人生最大的幸福在于《周易·坤·文言》所说的"积善之家，必有余庆"。

感谢清华大学出版社的施猛先生，他为本书的成稿提供了多方面的帮助。

大家可以关注我的微信公众号："合伙课堂"，那里有线上的视频及训练营、线下的公开课、线下的咨询项目展示及每周更新的原创文章。也欢迎大家给我留言：2311581453@qq.com。

郑指梁

2023年10月21日于杭州

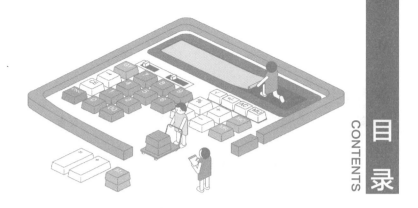

第一章　内部合伙模式

第二章　外部合伙模式

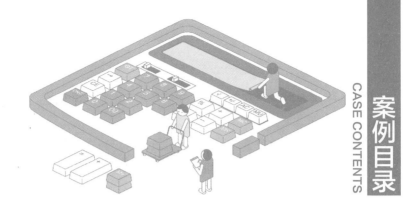

内部合伙模式

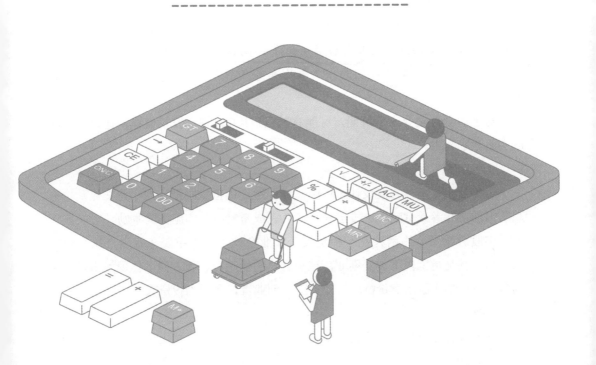

俗话说得好："攘外必先安内。"

内部合伙模式，是指以内部员工为合伙对象的激励模式。内部合伙模式的本质是解决为谁干的问题，员工只有为自己而干，才能释放潜能，同企业荣辱与共，实现共同富裕。

结合多个项目的经验，我总结出内部合伙模式应遵循的三个原则，如图1-1所示。

图1-1　内部合伙模式的三个原则

原则一：以终为始

以终为始是指老板要考虑清楚办企业的目的，是以赚钱为目的(例如商贸企业)还是以股权值钱为目的(例如IT类企业)？或两者兼而有之？

对于前者，这类企业的股权大概率是不值钱的，合伙时一般以虚拟激励为主。

对于后者，企业未来可期，可能有融资或IPO计划，股权值钱，建议合伙时以实股激励为主。

原则二：由虚至实

由虚至实是指在方案设计过程中，老板通过虚拟激励把认同企业文化及价值观的内部奋斗者或贡献者选拔出来，在其完成考验后，实施实股激励。

实股激励又分为两种：一种是员工事业合伙，员工主要在有限合伙企业持股；另一种是员工内部裂变创业，这是合伙的新趋势、新方向，体现为主要的激励对象以自然人股东身份持股，即员工当创业者，老板当投资人。

原则三：动态调整

动态调整是指合伙方案设计要灵活，员工可进可退、可上可下、可多可少、可有可无。

动态调整与三个指标相关：一是价值观，二是绩效，三是能力。其中，价值观是一票否决项，是最重要的动态调整指标，因为没有人品，一切归零。

遵循这三个原则，我把内部合伙模式划分为4种类型，如图1-2所示。

图1-2　内部合伙模式的4种类型

第一节
员工虚拟合伙模式

对内部员工进行激励，优先采取虚拟合伙模式，让利益内嵌，让员工赚到钱。

员工虚拟合伙模式，是指激励对象出资或不出资而享有企业一定数量的分红权或股价增值收益。此模式因不涉及工商登记注册，操作较灵活，老板发布相关的规定或制度即可执行，本质上是一种"另类"奖金。

从激励对象来看，员工虚拟合伙模式存在普惠激励或精英激励的选择问题。我赞成后者，这样可以不让贡献者吃亏，让业绩优秀者赚得更多，即"良币驱逐劣币"。

从激励变量来看，存在员工掏钱与不掏钱以及经营指标的存量与增量4个变量，因此员工虚拟合伙模式可以划分为4种类型，如图1-3所示。

目前企业主要采用员工不掏钱的合伙模式；但员工掏钱的合伙模式使员工利益

不掏钱存量合伙	掏钱存量合伙
不掏钱增量合伙	掏钱增量合伙

图1-3　虚拟合伙模式

和企业发展前景深度绑定，相当于"投名状"。存量激励可能动了其他股东的利益，因为利益越分越少；而对于增量激励，股东一般无异议，因为利益越分越多。

按照激励效果的大小，我把它们做了排序：不掏钱存量合伙＜不掏钱增量合伙＜掏钱存量合伙＜掏钱增量合伙。

综上，我建议老板优先选择"掏钱增量"合伙模式。

一、"不掏钱存量"合伙模式

"不掏钱存量"合伙模式，是指员工不出资而享有企业以销售收入或利润计算的一定比例的"分红"。如果企业利润不方便公开，则多以销售收入为标准。

在实操中，也存在企业收入大幅增长，但利润亏损，员工仍然获得"分红"的情况。于是，企业陷入"增收不增利"的窘境，这是老板不愿意看到的。

因此，企业宜以利润为标准进行分红。

其实，对于老板来说，资金安全及人身自由才是最重要的，毕竟钱是身外之物！

案例1-1 华为TUP让"拉车的人"比"坐车的人"拿得多

为解决原虚拟股持股员工"吃老本"，老员工懈怠，坐车人多、拉车人少，内部退休人员逐渐增多的问题，还为了解决外籍员工不能配股，无法激发外籍员工积极性的问题，华为技术有限公司(以下简称"华为")导入了TUP(全称是time unit plan，直译为时间单位计划，也就是奖励期权计划，相当于华为授予员工获取收益的权力，但收益直接跟业绩挂钩，且需要在未来5年内逐步兑现)。

华为的最终目的是通过"工资—奖金—TUP分配—虚拟股分红"的分配顺序摊薄虚拟股分配比例(注：虚拟股分红池＝营业利润-工资-奖金-TUP分配)，进而有意识地控制劳动所得和资本所得的比例。

1. 授予对象条件(如表1-1所示)

表1-1 TUP授予对象条件

资格要素	资质标准	说 明
职级	13级以上(奋斗者)	对于13级以下劳动者以短期激励为主(工时制)
工龄	1年以上	上一年5月1日前(不含)入职
绩效	B+以上	考核分布概况：A，15%；B+，50%；B，24%；C，11%
考勤	上一年度事假小于5天 近两年各类休假小于60天	避免长期休假的"伪奋斗者"参与分配
排除条件	不存在关键负面事件	——

注：华为将薪酬总包和股权包下放至各个部门，各部门对TUP授予条件的把握和执行不完全一致

2. 授予时间

TUP授予时间为每年的9—10月。

3. 授予方式

每年授予。

4. 购买价格

TUP为无偿授予，原因是TUP在本质上属于薪酬且5年后清零，如为出资方式则难以实现清零。

5. 授予数量

根据岗位和绩效结果评定，由部门主管掌握TUP授予数量。

6. 实施方案

假设2023年华为授予某员工TUP授权资格，分配100万份TUP，运行规则如图1-4所示。

	年份		享有权益
授予5年期100万份TUP(面值=当时账面净资产)	2023年	第一年	没有分红权
	2024年	第二年	获得"100万份×1/3"分红权
	2025年	第三年	获得"100万份×2/3"分红权
	2026年	第四年	全额获取100万份的分红权
100万份TUP清零	2027年	第五年	全额获取100万份分红权+TUP增值权

图1-4 TUP运行规则

7. TUP收益

TUP收益包含"年度收益"和"期末收益"两部分。

(1) 年度收益(分红部分)。TUP的年度收益总额=每份TUP的年度收益×本年度收益解锁的有效TUP数量×考勤系数。如每份TUP年度收益为负，则员工不需要承担亏损部分。TUP的年度收益在4月份随工资发放或5月份随奖金发放，按照劳动报酬缴纳个人所得税。

(2) 期末收益(增值部分)。每期TUP的期末收益=(本年度TUP年度-上一年度TUP年度值)×该期年度收益已解锁的有效TUP数量×考勤系数。如年度TUP增值部分为负，员工不需要承担亏损部分。期满后，次年11月份，TUP的期末收益随工资发放，按照劳动报酬缴纳个人所得税。

华为最初采用3年递延收益分享模式，后因为递延激励作用较弱，改为一次性生效。

综上所述，TUP本质上是员工不掏钱的利润分享计划，其优点及不足如表1-2所示。

表1-2　TUP的优点及不足

优　　点	不　　足
1. 员工无须出钱购买，能满足新员工的激励需求	1. 因为TUP在5年届满时清零，所以其激励的长期性不足
2. TUP设置了5年有效期，到期后自动清零，无须实际授予股份	2. 5年届满时，华为将面临增值权兑付的资金压力
3. 摊薄资本所得，避免老员工躺在虚拟受限股权上睡大觉，平衡历史贡献者与当前贡献者的利益	3. 员工获得的TUP收益是"工薪所得"，个税成本较大(理论上说，年收入96万元对应45%税率)

目前，华为进入虚拟受限股、TUP与ESOP1并存的阶段，形成了立体式的股权激励制度。考虑到大家对华为的激励机制比较感兴趣，我再讲一下华为最新的ESOP1制度。

2020年4月，为应对美国打压及留住员工，华为推出一项股权激励方案——ESOP1制度，员工可享有与虚拟受限股同样的分红权和增值权。ESOP1制度被称为"普惠版"的虚拟受限股，它的实施要点如表1-3所示。

表1-3　华为ESOP1制度的实施要点

1	权　　利		有分红权、增值权，无选举权
2	激励对象	级别	不限级别
		工龄	满5年
		绩效	上一年度KPI(关键绩效指标)考核结果为B以上

（续表）

3	数量	(上一年度薪酬年收入×25%)/当年虚拟受限股每股价格
4	价格	按每股净资产定价
5	平台	华为投资控股有限公司工会委员会持有
6	退出	入职未满8年，员工离职时，ESOP1被回购；入职满8年，员工离职时，可保留ESOP1，但离职当年所配的ESOP1不能被保留

通过本案例，我们可以看出，华为始终以"利益共同体"与"命运共同体"的思想为导向，倡导奋斗者文化，提倡共同分享利润、共同承担风险，使员工与企业、员工与股东始终同频共振。

案例1-2 乔致庸通过虚拟合伙五步法，成为清末首富

《乔家大院》(剧照如图1-5所示)的热播，让我们见识了东家乔致庸深谙人性的激励方案。而这个备受世人推崇的激励方案，与一个人的离职有关，这个人就是乔家的"超级业务员"——马荀。

图1-5　电视连续剧《乔家大院》剧照

话说马荀当了4年学徒，又做了10年伙计，钱庄有八成生意都是他做的，但其年薪只有20多两白银，收入与贡献明显不匹配，于是马荀向老板乔致庸提出了辞职。

正应了马云所说的，员工的离职原因只有两点最真实：一是钱没给到位；二是心受委屈了。

当乔致庸问马荀辞职的原因时，马荀引用了《史记·货殖列传》中的一句

话："天下熙熙，皆为利来。"

他说："东家出银子，占的是银股；掌柜的以身为股，占的是身股。掌柜的不愿意辞号的理由有两个：一是收入比伙计多十几倍；二是可以跟东家一起分红利。"

乔致庸又问他："如果让你顶一份身股，你认为应该顶多少合适？"

马荀说："如果能在生意里顶二厘身股就满意了，去年到账期的时候一股(1股=1分=10厘)分红1200两，两厘身股就可分红240两，比我4年的薪金加起来还多两倍，要是有了这些银子，一家老小吃饭就不愁了。"

于是聪明的乔致庸决定打破数十年的晋商传统，将身股扩展到伙计，将学成出师的伙计也纳入身股体系。但乔致庸的做法遭到了掌柜们的反对，因为动了他们的"奶酪"，他们分的红利少了。

果然，掌柜们提出两个异议：

(1) 以前没有让伙计也入身股的传统，这样破坏规矩！

(2) 伙计们得了身股，身份和掌柜一样，会和掌柜平起平坐，掌柜如何号令伙计？(老板做合伙人制度时是否也有这样的担忧？员工有了股权，与老板平起平坐，怎么办？)

那么，乔致庸怎么回应？他答，规矩可以打破，第一个异议不是问题。

同时，他为第二个异议给出了解决思路：伙计们得了身股，只是和东家、掌柜一起分利益而已，身份仍是伙计，要听从掌柜的工作安排，掌柜对不听话的伙计可以责罚或辞退。

最后经过一番交心，方案得到了掌柜们的支持。

实操中最难的是，伙计有身股后，掌柜的分红少了，如何补偿？公司生意蒸蒸日上还好，如果业务徘徊不前，甚至逐年下降，如何平衡？

于是，乔致庸将股份分为银股和身股两种类型。东家出银子拥有银股，相当于工商登记的注册股，可以享有永久利益，父死子继。而掌柜和伙计出力不出资，拥有身股。人在股在，人走股收。身股及银股的层级关系如图1-6所示。

图1-6　身股及银股的层级关系

我们来看一下乔致庸提出的虚拟合伙激励(身股激励)的五步法。

1. 获得身股的资格

乔致庸规定"各号伙计出师后顶一份身股",这一份为0.1股,即1厘。

具有一定的工作年限和工作业绩的伙计,才具有获得身股的资格。工作年限达到4年(学徒时间一般为4年)、工作业绩评定合格者可转为伙计。

2. 身股的标准

身股从伙计到大掌柜分别为0.5厘至10厘(1分),每增长0.5厘为一个等级,一共有19个等级,如表1-4所示。

表1-4 身股分红的19个等级

大 掌 柜	二 掌 柜	三 掌 柜	伙 计
1分	8厘	7厘	0.5厘~8厘

其中,掌柜的身股数量由东家决定,伙计的身股数量由东家和掌柜共同决定。

3. 身股的分红

身股与银股同股同分红,即身股分红和银股分红,在同一个利润盘子里分配,这与大部分公司先分虚拟利润,再分实股的做法不同。

伙计个人身股分红=个人拥有身股数/(所有银股数+所有身股数)×可分利润。

举例:1889年刚改革时,银股20股,身股7.9股;1908年银股仍为20股,但身股增加至23.95股。

1890年乔家票号盈利2.5万两白银,银股20股,身股7.9股,每股分红约896两白银(25 000÷27.9)。银股和身股分红分别为1.79万两白银(25 000÷27.9×20)和0.71万两白银(25 000÷27.9×7.9)。

1908年乔家票号盈利74万两白银,此时银股20股和身股23.95股分红分别约为33.67万两白银和40.33万两白银。

其中,身股分红增长率=(40.33-0.71)/ 0.71≈55.80倍。

此时,员工分红比例为54.5%(40.33÷74),如表1-5所示。

表1-5 身股及银股的分红金额

年　　度	银股数量	身股数量	总股数	年利润	每股分红	银股分红	身股分红
1890年	20股	7.9股	27.9股	2.5万两	0.0896万两	1.79万两	0.71万两
1908年	20股	23.95股	43.95股	74万两	1.7万两	33.67万两	40.33万两

从表1-5可知，乔东家虽然把一半的红利分给了员工，但他的收益约是10年前的18.81倍(33.67÷1.79)。

另外，乔东家规定，顶身股的伙计没有年薪，只有分红，即员工没有固定工资，要努力开拓市场，赚绩效工资。这样的话，企业不仅没有工资成本压力，还可获得更多的收益。

那么伙计平时要生活，要购房怎么办呢？乔东家规定，伙计每个季度可以领取一次"应支银"，按每厘30~50两银子计算，到分红时将所领应支银扣除即可。这有点像会计的预支款。

4. 身股的调整

机制激励最忌讳的是"躺在功劳簿上睡大觉"。身股数量不是一劳永逸的，应根据资历、贡献变化而调整。其中能力强、贡献大的，身股数量增长快；能力弱、业绩不佳，身股数量增长慢。如有差错，甚至可以取消。

例如，1889年，大德通票号的高钰、赵调元、郝荃、王振铎的身股分别是3厘、2厘、2厘、5厘。但到了1908年分红时，高钰和郝荃的身股已经为10厘，而赵调元的身股只有4.5厘，王振铎的身股为7厘。

5. 身股的取消

对于有严重过错的，取消其获得的身股。例如，顾大掌柜因私自用人、贪污公款等违反店规的行为，被乔东家辞退；同时其享受的身股也被取消，一时震慑各分号掌柜。

对于在乔家工作满30年、没有重大过错的大掌柜，乔家保留其身股，养一辈子，直至其过世。

试想，在这种机制设计下，大掌柜及伙计们在工作时怎么会不全力以赴呢？

二、 "不掏钱增量"合伙模式

"不掏钱增量"合伙模式，是指员工不出资而享有企业以销售收入或利润增量计算的"分红"。"不掏钱增量"合伙是虚拟合伙最主要的模式。

企业既可以做全员式的"普惠制"激励(如永辉超市)，也可以设置激励门槛，对优秀员工进行"精英制"激励。

前者存在公平性问题，容易导致优秀员工离职，造成"劣币驱逐良币"的现象，因此老板要慎用这种"普惠制"激励。后者的使用前提是绩效考核要科学合理，能通过数据确认哪些是优秀员工。

但"不掏钱增量"合伙模式的弊端在于，增量是有天花板的，此时激励边际效益递减。

案例1-3 **某企业增量分红计算公式及二次分配规则**

1. 分红的总奖金包

(1) 增量分红系数：根据公司基本目标的完成情况，设定基本目标为X，实际业绩为Y，确定增量$(Y-X)$的分红系数，根据增量分红的计算公式，可计算出总奖金包Z，如表1-6所示。

表1-6 增量的阶梯分红系数

增量阶梯	分红系数	总奖金包的计算公式
$Y < 80\%X$	0	$Z=0$
$80\%X \leqslant Y < X$	1.5%	$Z=1.5\%X+(Y-X)\times 6.0\%$
$Y=X$	6.0%	$Z=6.0\%X$
$Y>X$	8.0%	$Z=6.0\%X+(Y-X)\times 8.0\%$

举例1：如$X=6000$万元，$Y=4800$万元，则根据阶梯，增量分红系数为1.5%，则
总奖金包$Z=6000\times 1.5\%+(4800-6000)\times 6.0\%=18$(万元)
举例2：如$X=6000$万元，$Y=6200$万元，则根据阶梯，增量分红系数为8.0%，则
总奖金包$Z=6000\times 6.0\%+(6200-6000)\times 8.0\%=376$(万元)

(2) 对分红总奖金包的测算，如表1-7所示。

表1-7 2022公司年分红总奖金包的测算

单位：万元

2022年 基本目标(X)	2022年 实际业绩(Y)	2022年 超额销量	公司 分红金额	人均 分红金额
6000.0	4000.0	−2000.0	0.0	0.0
6000.0	4200.0	−1800.0	0.0	0.0
6000.0	4790.0	−1210.0	0.0	0.0
6000.0	4800.0	−1200.0	18.0	0.6
6000.0	5000.0	−1000.0	30.0	1.0
6000.0	5500.0	−500.0	60.0	1.9
6000.0	5800.0	−200.0	78.0	2.5
6000.0	6000.0	0.0	360.0	11.6

2022年 基本目标(X)	2022年 实际业绩(Y)	2022年 超额销量	公司 分红金额	人均 分红金额
6000.0	6200.0	200.0	376.0	12.1
6000.0	6500.0	500.0	400.0	12.9
6000.0	7000.0	1000.0	440.0	14.2

2. 分红的分配比例

(1) 根据三类激励对象在实际业绩目标完成过程中的贡献，把总奖金包按比例切分，如表1-8所示。

表1-8　激励对象分配比例

对　　象	分配比例
一 线 部 门	50%
职 能 部 门	20%
领 导 层	30%

(2) 二次分配规则：以部门奖金包的形式，根据部门比例不同，由部门经理向员工进行二次分配，报公司备案后执行。

① 职能部门，按部门个数均分。

② 部门经理，分配比例不低于35%。其中，销量未达标的一线部门，其部门经理分配比例为0。

③ 领导层，按职位分配，具体比例如表1-9所示。

表1-9　领导层二次分配表

岗　　位	分配比例
总 经 理	37%
副 总 经 理	37%
总经理助理	26%

3. 分红的触发条件

(1) 总奖金包Z>0。

(2) 业务员的销量达标，职能部门的绩效考核达标。

(3) 个人或部门未发生违纪违规、离职等情形。

2020年9月，笔者为北京某生物制药企业设计了"不掏钱增量"合伙方案。

项目背景：生物制药企业前期投资比较大，经过高管团队4年的努力，目前有980万元利润。但他们希望能免费赠送17%的分红权，以改善家庭生活条件，经沟通，他们认可的"分红"条件是企业来年利润的增量大于500万元。

同时，高管团队知道生物制药企业的价值是外部融资及资本加持，最终在科创板上市，完成财富的积累，而"分红"只是权宜之策。因此他们与公司达成共识：当外部资本进入时，终止执行"不掏钱增量"合伙模式。

基于此，我把方案的部分内容分享给大家。

案例1-4　某生物制药公司用"不掏钱增量"合伙模式让高管团队离职率为0

为进一步健全核心员工的激励机制，某生物制药有限公司(以下简称 "公司")本着"贡献匹配、由虚至实、动态调整"的原则，将激励对象的利益与股东价值紧密联系起来，最终达成公司的战略目标。

公司依据《公司法》《民法典》①以及其他有关法律、行政法规的规定，制定本制度。

一、激励模式

本制度采取【增量利润虚拟分红】激励模式，根据激励对象的不同职级，以【不出资方式】获得虚拟分红资格。

二、基本释义

以下词语如无特殊说明，在本制度中具有如表1-10所示含义。

表1-10　制度中的词语含义

词　语	含　义
公司	某生物制药有限公司
目标利润	年初公司根据战略目标制订的预估净利润
实际利润	当年(财年)公司实际完成的净利润
增量利润	实际利润-目标利润
销售收入	主营业务的收入，不含政府补贴等营业外收入
净利润	扣除非经常性损益后的净利润，非经常性损益是与经营业务无直接关系的收支，例如政府补贴等

① 《中华人民共和国民法典》，本书简称《民法典》。

词　语	含　义
财年	1月1日—12月31日
实股	工商登记的股权，具有所有权、增值权等法律权益，且激励对象以自然人身份或有限合伙人(limited partner, LP)身份持有公司的股权

三、参与资格

1. 定性

参与人员要认同公司的企业文化及价值观，具有不可或缺性，且与公司签订正式劳动合同。

2. 定量(同时满足)

(1) 工龄：【壹】年及以上。

(2) 岗位：部门经理级M4(含)以上，或专业技术级P5(含)以上。

(3) 业绩：上年度绩效考核得分在85分及以上。

3. 批准机构

提名人为公司董事长，批准人为公司股东会。

四、激励对象

1. 首期激励对象(如表1-11所示)

表1-11　首期激励对象名单及分红比例

激励对象	总 经 理	研发副总经理	营销副总经理	生产技术副总经理	其他(预留)
分红比例	6.0%	2.0%	2.0%	2.0%	5.0%
合　计	17%				

2. 动态调整

未来3年内，公司如遇外部投资人进入(注：指外部投资人一次性投资低于2000万元的情形或公司估值低于5亿元)，首期激励对象的分红比例作相应的调整。

3. 调整比例

首期激励对象调整后的分红比例=激励对象个人比例×(1−外部投资人占公司股比)。

五、分红规定

1. 业绩目标(分5年进行模拟测算，如表1-12所示)

表1-12 公司5年主要经营指标

年 度	2021年	2022年	2023年	2024年	2025年
销售收入/万元	9300	12 000	20 000	35 000	50 000
净利润/万元	1200	1800	3600	6500	10 000

(1) 公司根据战略发展及经营需要，对表1-12中的数据作适应性修订。

(2) 公司于每年底或次年初公布次年的业绩目标。

2. 分红触动(同时满足)

(1) 增量利润达标：当公司增量利润≥500万元时，公司启动增量虚拟分红。例如2022年增量利润=(1800-1200)=600(万元)，大于500万元，启动增量虚拟分红。

(2) 本人业绩达标：激励对象上年度绩效考核得分在85分及以上。

3. 分红公式

本人分红金额=公司增量利润×本人分红比例(注：如表1-11所示)。

4. 分红终止

(1) 正常离职："人走虚拟分红止"，即激励对象必须在岗在职。

(2) 绩效不达标：激励对象连续【2】年绩效考核得分低于【85】分。

六、虚转实的规定

1. 原则

虚拟激励与实股激励不可兼得。

2. 触发条件

激励对象享受虚拟分红满【3】年或公司估值超过【5】亿元时。

3. 虚转实规定

激励对象获得本公司的实股激励资格时，可在【7】个工作日内选择是否转为实股。

(1) 转股。

① 流程：激励对象在【7】个工作日内向公司董事长提出申请，最终由公司股东会审批，授予激励对象一定数量的实股股权。

② 衔接：激励对象出资持有本公司实股后，当年虚拟增量分红及过往的递延分红继续执行，但公司不再给予提现，拟转为实股激励的入股资金，转股成功后本制度终止执行。

(2) 不转股。

① 延续性：激励对象放弃实股激励，继续享受增量虚拟分红激励。

② 过渡期：对于不愿转股的首期激励对象，给予【2】年的过渡期，即2年后公司股东会将根据经营管理情况及外部投资人引入情况而终止本制度。

三、"掏钱存量"合伙模式

"掏钱存量"合伙模式，是指员工出资，但未在工商登记注册，员工根据企业的经营情况获得"分红"。股东对分配增量一般没有意见，但对分配存量可能存在微词，因为存量是股东的"本"，"掏钱存量"合伙模式考验股东的格局及胸怀。

尤其是在企业存在若干个非亲戚股东的情况下，员工即使出资，小股东也不愿意让他们参与存量"分红"，此时要看大股东能否掌控住小股东，这种利益平衡需要高超的技巧。

于是我思考，企业在什么情况下会采取此模式？

背后的逻辑是，目前企业走上正轨且经营可持续，老板不用操心即可获得稳定的利润及现金流，而管理团队扮演"守业"的角色，已轻车熟路。

此时，老板打算开拓新的业务，但要确保原有业务不下滑，于是让员工出资成为虚拟股东，当条件成熟时员工可以享受"分红"。

此模式本质上是老板让渡部分既得利益，以换取原有业务的稳定及未来新业务的更大收益。

案例1-5 某IT企业存量虚拟激励分红比例高达35%

某公司主营物流及食品连锁行业的ERP等IT软件，其股权架构比较简单，张三夫妇持股100%，注册资金1000万元。公司共有78名员工，90%以上为"85后"员工，平均年薪12.5万元。公司设有软件开发部、实施部、销售部、客户维护部、综合部等部门。

2021年，公司销售收入为3000万元，净利润率为20%，所有者权益表(简表)如表1-13所示。

表1-13　公司的所有者权益简表(2022年年底)

单位：万元

实收资本	1000
资本公积	0
盈余公积	200
未分配利润	1300
所有者权益	2500

公司业务前景不错，每年增长30%以上，为了留住核心员工及调动大家的积极性，公司决定实施虚拟合伙激励方案。经过调研，90%员工看好企业未来发展前景及认同老板，愿意投资入"股"，希望有超过10%的投资回报率(return on investment, ROI)。2022年11月3日，公司制定了虚拟合伙激励方案，大致思路如下。

1. 激励对象

(1) 认同公司的企业文化，与公司价值观高度一致，入职2年(含)以上的员工。

(2) 职级在B3(含)以上，且绩效等级在B(含)以上的员工。

2. 出资比例

(1) 首期20%，预留10%，合计30%。

(2) 1.0元/股，通过虚拟增资扩股方式纳入公司。

3. 出资金额

(1) 首期出资总金额为200万元(1000万元×20%)。

(2) 总经理不参与本方案。

(3) B4(含)以上岗位员工必须出资，B3岗位员工自愿出资，各岗位对应的出资金额如表1-14所示。

表1-14　各岗位出资标准

职级	岗位	出资标准/元	人数合计
B5	总监/专家	150 000	总监3人+专家2人=5人
B4	经理/高级工程师	100 000	经理2人+高级工程师5人=7人
B3	主管/工程师	40 000	主管3人+工程师7人=10人 (注：主管和工程师共有15人，其中10人自愿出资)

经计算，总出资金额为75+70+40=185(万元)，老板个人补齐15万元，共计200万元，但约定老板虽然出资但不参与分红。

4. 激励周期

(1) 鉴于首期方案无经验，暂定【2】年为一周期，自2022年12月31日—2024年12月31日施行。

(2) 第2期次及以后期次，原则上以【3】年为一周期。

5. 分红规定

(1) 分红基数=工商登记的1000万元+员工虚拟出资200万元=1200万元。

(2) 分红所得=个人出资额/分红基数×当年扣非后的净利润×60%(注：扣除10%的法定公积金及30%预留发展基金)。

投资回报测算：某部门经理李四出资10万元，公司当年实现收入3500万元，推算出扣非净利润700万元(注：按20%计算且未发生营业外收入)，那么李四分红=10/1200×700×60%=3.5(万元)。投资回报率(ROI)=3.5/10=35%！远高于10%的员工预期收益。

6. 其他规定

(1) 如遇员工投资回报率(ROI)低于10%的情形，公司对B3及B4职级兜底1年，给予8%的回报(注：因B5职级对公司全局影响较大，另有事业合伙激励计划，故仅对低职级B3及B4的员工进行兜底)。

(2) 2025年2月1日前，公司无息返回首期员工本金。

(3) 若员工中途退出合伙，原则上本金打9折退回。

(4) 上述分红为虚拟分红，本质上是"工薪所得"，因此并入员工当月工资或并入员工年终奖，交纳个人所得税，由公司代扣代缴。

案例1-5的虚拟分红的基础是公司存在净利润。在实操中有一类虚拟分红可以基于个体工商户或个人独资企业的经营情况，特别是年收入低于500万元的连锁机构，例如饭店、火锅店等。个体工商户或个人独资企业可以享受核定纳税的优惠政策，这类合伙的特点是规模较小、设立较容易、监管较宽松、不用找成本票等。

个体工商户或个人独资企业的资金最终会提取至经营者的个人银行卡，虚拟分红时对财务公开及透明度要求更高些，风险在于个人银行卡交易过于频繁，有洗钱之嫌疑。因此，合伙协议当中的出资及分红条款要更细化些。

案例1-6　重庆某火锅店存量虚拟分红权协议

甲方：重庆某火锅店(个体工商户)

乙方：×××

鉴于：

1.为进一步激励乙方全身心投入工作，提升火锅店的整体盈利能力，构建双赢的利益分配格局，经甲、乙双方友好协商，本着互惠互利的原则，双方同意甲方以存量虚拟利润分红的方式对乙方的工作进行奖励和激励。

2.除非本协议条款或上下文另有所指，本协议下列用语含义如下。

(1) 虚拟利润，特指重庆某火锅店(以下称甲方或"重庆某火锅店")名义上的利润分红比例，虚拟利润拥有者不是甲方在工商部门注册登记的经营者，虚拟利润的拥有者仅享有重庆某火锅店季度净利润的分配权，而无所有权和其他权利，不得转让和继承。

(2) 分红，指甲方税后可分配的净利润。

双方根据《民法典》及其他相关法律法规，在自愿、平等、公平的基础上，经友好协商，就实施虚拟分红权事宜达成如下协议，以期共同信守。

第1条　协议标的

1.1　甲方在协议期限内，分三期授予乙方共【20%】的虚拟分红权，即甲方将每季度税后净利润的【20%】分配给乙方。

1.2　乙方取得甲方【20%】虚拟分红权，不做工商变更登记。乙方不得以此虚拟权对外作为拥有甲方资产的依据，即乙方按上述比例分红，仅作为甲方的单方面奖励；乙方亦不能以其虚拟权要求甲方折成现金退出或要求甲方收购。

1.3　每季度会计结算终结后，甲方按照本协议约定计算可分配的税后净利润总额及个人分配额。

第2条　虚拟分红权授予

2.1　乙方在符合本协议规定条件的前提下，甲方分三期授予乙方，每期时间间隔为【壹】年；每期授予比例分别为虚拟权授予总量的【6%】(第一年)、【6%】(第二年)、【8%】(第三年)。

2.2　乙方出资【20】万元购买，甲方需将乙方的出资用于实际生产经营，以便协助各方达到经营业绩之目的。

虚拟权价款支付:

(1) 每一期授予,乙方必须在当期授予日起1个月内足额支付价款。

(2) 如乙方未在规定期内足额支付当期价款,则未足额支付部分所对应的虚拟分红权由甲方收回,视为自始至终未授予。

第3条　虚拟分红权的条件

(1) 重庆某火锅店整体层面的业绩条件:以季度营业收入作为业绩考核指标,季度业绩目标为【500】万元/季度,确保净利润率不低于【16%】。

如果重庆某火锅店当季度业绩目标实现,则开始实施当季度的虚拟分红激励,向乙方分配当季利润分红。如果当季业绩目标未能实现,则当季度不分红。

(2) 个人层面的业绩条件:乙方季度业绩目标设定为【120】万元/季度。如发生岗位级别调整之情形,按当季岗位级别对应的业绩目标执行。

乙方季度业绩目标完成率按如下方式核算:

个人季度业绩目标完成率=季度实际完成值÷季度业绩目标值×100%,个人季度业绩目标完成率超过100%的,按100%计算;不足100%的,按实际值计算。个人季度业绩完成率低于【60%】的,当季度不分红。

第4条　个人分红的确定

当季度个人分红总额=当季度净利润×个人已授予虚拟权比例×个人季度业绩目标完成率

例如,当季度净利润为80万元,个人已授予虚拟分红权比例为3%,个人季度业绩目标完成率为90%,则当季度个人分红总额=800 000×6%×90%=43 200(元)。

第5条　虚拟分红权的终止

5.1　自动终止

双方同意,以下任一情形发生的,本协议将自动终止,且任何一方均不对其他方承担任何违约责任。

(1) 若在本协议的履行过程中,因所适用的法律、法规、规范性文件和政策等发生变化致使甲方无法履行本协议的。

(2) 甲方通过相关交易出售、出租、转让或以其他方式处置全部或几乎全部甲方的整体资产。

(3) 本协议到期之前，甲方因破产、解散、注销、吊销营业执照等原因丧失民事主体资格或者不能继续营业的。

(4) 甲方根据实际经营情况调整激励方案，需要终止本协议，并且甲方向乙方发出了终止本协议的书面通知。

5.2 协议终止

在本协议有效期内，双方可协商一致以书面合意的方式提前终止本协议。

第6条 离职

6.1 如果乙方与甲方劳动关系届满后不再续签、乙方主动提出辞职或终止合作关系，或乙方连续两年未能完成个人业绩任务的，或因乙方死亡、伤残、退休等由于非因乙方过错而致使劳动关系、合作关系终止，属于善意离职的，乙方不再参加当季度的利润分红分配，已分配尚未发放的虚拟分红权仍按本协议规定的发放期限发放，乙方已获授的虚拟分红权由甲方进行回购，双方确定回购价格，如表1-15所示。

表1-15 乙方离职回购价格的约定

年　　限	工　龄　系　数	回购价格
未满2年(不包括2年)	1.0	原始出资×1.0
满2年(包括2年)但未满3年(不包括3年)	1.1	原始出资×1.1
满3年(包括2年)但未满4年(不包括4年)	1.2	原始出资×1.2
满4年(包括4年)	1.3	原始出资×1.3

6.2 任职期限内，乙方发生恶意离职的，甲方有权取消其已获分配的全部利润分红，并取消其剩余可分配利润分红的分配资格，由乙方将已获分配的利润分红全数返还给甲方，乙方原始出资不再退回。

恶意离职的情形包括乙方违反甲方规章制度、严重失职、营私舞弊，有证据证明其加入竞争公司，违反法律的规定而被追究行政、刑事责任等。除此之外，乙方若发生以下情形之一者，均视为恶意离职。

(1) 刑事犯罪被追究刑事责任的。

(2) 劳动合同期未满，未获甲方同意，擅自离职或辞职的。

(3) 违反劳动法等法规规定，被甲方依法解除劳动合同关系的。

(4) 严重违反甲方有关管理制度和规定，损害甲方利益的。

(5) 执行职务时做出错误行为，致使甲方利益受到重大损失的。

6.3 乙方在任期内丧失劳动能力、行为能力或死亡时，乙方可分配的利润分红可立即兑现，乙方的代理人、监护人或其继承人按国家有关法律、法规的相关条款处理。

第7条 税费承担

乙方在履行本协议的过程中根据中国法律法规的规定产生任何税费的，应当由乙方自行承担。

第8条 劳动关系

本协议不构成乙方或甲方对乙方劳动期限和劳动关系的任何承诺，亦不构成对甲方与乙方签署的劳动合同的修改或取代，甲方与乙方的劳动关系仍按乙方与甲方已签订的劳动合同及相关协议的约定执行。

第9条 保密义务

本协议的存在及其条款以及乙方因签订或履行本协议而获悉的本协议其他方的所有专有信息及商业秘密等均为保密信息(以下合称"保密信息")。乙方承诺，未经甲方事先书面同意，不得向任何第三方披露保密信息。本条规定的保密义务将在本协议终止或提前解除后继续有效。

第10条 违约责任

除本协议另有规定外，任何一方违反其在本协议项下的任何义务、所作出的承诺和保证或者其在本协议中所作出的陈述是虚假、不真实或有误导，即视为该方违约，其应赔偿其他方因该等违约而招致的全部实际损害，包括但不限于其他方为减少损失支出的费用及合理的律师费和仲裁费。

第11条 适用法律和争议解决

11.1 本协议受中国法律管辖并据其解释。

11.2 凡由本协议引起的或与本协议有关的任何争议，应由双方通过友好协商的方式解决。如果该等争议在一方向其他方发出要求协商解决的书面通知后三十(30)日之内仍未解决的，任何一方均可向甲方注册地人民法院提起诉讼。在诉讼过程中，除双方正在进行诉讼的部分外，本协议应继续履行。

第12条 其他

12.1 本协议有效期限为【伍】年，自2021年12月18日起，至2026年12月17日止。协议期满后，甲乙双方可协商续签。

12.2 本协议经双方签署后生效。

12.3 对本协议的任何修改、补充均应经双方达成一致并签署书面协议后方可生效。对本协议的修改、补充协议应是本协议的组成部分，与本协议有相同的法律效力。

12.4 本协议一式贰(2)份，双方各执壹(1)份，每份具有同等法律效力。

甲方：重庆某火锅店(个体工商户)

乙方身份证复印件留底处

盖章：＿＿＿＿＿＿＿＿＿＿＿＿＿＿

乙方签字(指纹)：＿＿＿＿＿＿＿＿　　　签约日期：＿＿年＿＿月＿＿日

四、"掏钱增量"合伙模式

"掏钱增量"合伙模式，是指员工出资，但未在工商部门登记注册，员工享有企业按照销售收入或利润的增量或其他经营指标增量带来的"分红"。

实操中，我认为这类激励模式是老板最乐意施行的，但前提是要有增量，而难点在于让员工自愿出资。

因此，一般执行此模式后，遇到增量天花板时，会择机转为"掏钱存量"合伙模式。

案例1-7 某企业净资产增量虚拟分红的投资回报率超过50%

接案例1-5，其中第4及第6部分内容与"掏钱存量"合伙模式一样；而不同之处在于第5部分——分红规定。

(1) 分红基数=工商登记的1000万元+员工虚拟出资200万元=1200万元。

(2) 分红所得=个人出资额／分红基数×(当年净资产或所有者权益-2500万元)。

投资回报测算：某部门经理李四出资10万元，企业2023年实现收入3500万元，推算出扣非净利润700万元(注：按20%计算且未发生营业外收入及未有重大对外投资),提取10%法定公积金后,形成当年新增未分配利润700×90%=630(万元);所有者权益简表如表1-16所示。

表1-16　公司所有者权益简表(2023年年底)

单位:万元

实收资本	1000
资本公积	0
盈余公积	200+70=270
未分配利润	1300+630=1930
所有者权益	3200

那么李四分红=10/1200×(3200-2500)≈5.83(万元)。投资回报率(ROI)=5.38/10=53.8%!远高于10%的员工预期收益。

本案例以净资产增量作为分红的条件。实操中,大家可以以毛利润、净利润、销售收入或产量等经营指标作为分红依据。

"掏钱增量"合伙模式与"掏钱存量"合伙模式的不同之处在于,前者的净利润100%参与分配;而后者净利润打了6折!(注:案例1-5设定的条件为打6折,实操中可以打对折、2折等)

由此看出,以净资产或所有者权益的增量作为分红的条件,更受员工认可,因为净利润是全体员工创造出来的。

请大家思考一下:如果不考虑企业的净资产增量,而采取净利润或销售收入或产量等经营指标的增量作为分红依据,上述的回报率还这么高吗?

俗话说得好:"不掏钱不交心,钱在哪里心就在哪里。"我认为,无论是虚拟激励还是实股激励,能让员工掏钱意味着方案成功了一半。

2023年3月,我为浙江某家居电气产品(注:LED 灯具、开关和插座等)外贸公司量身定制了"掏钱增量"合伙模式。

大家知道,外贸公司前端部门出口部员工数量占公司总人数的1/2以上,薪酬结构为"低底薪+高提成",平均年薪在30万元以上。但采购、人力资源、财务等后端部门的薪酬结构以"固定工资+年底双薪"为主,公司赚钱还是亏损都与他们的利益无关,这些人在公司事务上经常表现为"事不关己,高高挂起"的态度,造成各部门沟通成本较高。

在此背景下，首先我们梳理了公司未来3年的战略方向及经营指标，确定公司每年销售收入递增25%的销售目标。

其次，增加了后端部门的收入，即后端部门通过出资享有公司的增量虚拟分红，旨在让这些部门的员工能关心公司的发展，与公司共进退。

在此我分享一下该公司增量虚拟激励制度的部分内容，供大家学习。

案例1-8 **某外贸企业让核心员工出资60万元获得增量虚拟分红权**

公司为团结更多尽职敬业、有贡献和有奋斗精神的员工，按照收益与贡献对等原则建立增量虚拟合伙激励制度。

一、虚拟激励对象选拔标准(以下须同时满足)

1. 工龄标准

入职满1年的员工可参加激励制度。

2. 业绩和绩效标准

虚拟激励对象的业绩和绩效标准如表1-17所示。

表1-17　虚拟激励对象的业绩和绩效标准

部　门	资格标准
销售部门	个人上一年度实际销量不低于销量目标的80%
职能部门	个人上一年度绩效得分为80分以上或绩效评定为合格

二、虚拟激励的出资标准

1. 出资总额

根据上年度的实际业绩、本年度的业绩目标及未来5年的经营战略，每年更新公司的出资总额、出资标准并发布。

(1) 2023年的出资总额为【60】万元(即8.73万美元，按汇率6.87人民币/美元换算)。

(2) 出资总额的【70%】，按岗位级别出资，剩余【30%】由二次增投确定。

2. 出资标准

(1) 虚拟激励的出资标准依据岗位级别确定，如表1-18所示。

表1-18 出资标准的额度范围

单位：元

岗　　位	出资标准	最低限额
总监级	80 000	56 000
经理级	40 000	28 000
主管级/组长级	20 000	14 000
专员/助理级及其他	5000	3500

备注：限额的最小单位为千元，即以每千元的整数出资

(2) 二次增投的程序和办法由公司每年年底或次年年初公布。

3. 出资原则

(1) 对于主管级/组长级及以上职位员工，符合条件的，必须出资，出资额度自行选择；对于专员/助理级及其他职位员工，符合条件的，可自行决定是否出资及出资额度。

(2) 出资款由公司统一管理，并对资金的使用、安全负责。

三、虚拟激励的奖金

1. 激励的触发条件(须同时满足)

(1) 销售收入指标：公司2023年销售目标达标。

(2) 可控变动费用率指标(可控变动费用/公司年度销售目标)：低于【23.7%】(不含)。其中，可控变动费用的项目及内容如表1-19所示。

表1-19 可控变动费用的项目及内容

费用项目	具体内容
员工工资	支付给所有员工的工资、加班费、奖金等费用
营业税金及附加	公司缴纳的税费
保险	公司所有车辆保险、员工社保、员工商业险、货物保险、财产保险等
福利类	公司所有过节费、班中餐、月饼、水果、食堂招待所等支出
员工培训	公司所有员工内外培训费
差旅费	公司所有员工工作外出费用(含业务接待费)
电话费	公司固定电话费用
汽车汽油费	公司所有车辆的汽油费用
办公费	公司所有的办公用品、办公设备与维护、桶装水等费用

(续表)

费 用 项 目	具 体 内 容
展会费	公司的外出参展费等
网络营销费用	公司在各网络平台的营销推广费用
服务费	公司的相关技术服务费及年费等
运费	公司所有货物的运杂费
其他	以上项目以外的经营支出

(3) 各项年度指标根据公司年度经营战略制定，经公司发布且每年动态调整。

2. 激励的奖金金额

(1) 奖金总额。

①奖金总额=(公司年度实际销售收入 − 公司年度销售目标)×奖金比例。

②奖金比例根据公司每年的销售目标确定，并在年底或次年初发布。其中，2023年公司确定的奖金比例为【3%】。

(2) 出资款的利息支付标准，如表1-20所示。

表1-20 出资款的利息支付标准

支付利息的情形	年 息 标 准
本方案激励的触发条件未达成	3%
本方案激励的触发条件达成	按奖金总额发放(无利息)； 若其低于3%的年息标准则按3%年息发放

(3) 个人激励金额=(奖金总额−出资款的利息)×个人出资额/所有人出资额

投资回报测算：总体测算了2023年公司目标业绩【1200】万美元时，员工总出资额【8.73】万美元对应的动态分红总额，如表1-21所示(注：对于员工个人的增量虚拟分红金额，本书省略)。

3. 激励的发放

(1) 奖金的发放：次年3月31日前一次性发放。

(2) 公司代扣代缴激励对象的个人所得税。

表1-21 2023年公司实际业绩与奖励总额对比测算（奖金比例：3%；美元兑人民币汇率：6.87）

数据来源	年度	目标业绩/万美元	实际业绩/万美元	业绩完成率	目标业绩增长率	实际业绩增长率	目标同比增长率	增量业绩/万美元	增量占目标比例	奖励比例	奖励金额/万美元	出资总额/万美元	投资回报率
实际值	2021	923	877	94.96%	—	—	—	—	—	—	—	—	—
实际值	2022	1103	1057	95.80%	19.50%	20.56%	25.84%	—	—	—	—	—	—
预测值	2023	1200	1100	91.67%	8.79%	4.10%	13.56%	-100	-8.30%	3%	-3.00	8.73	-34.35%
预测值	2023	1200	1208	100.67%	8.79%	14.32%	6.56%	8	0.70%	3%	0.24	8.73	2.75%
预测值	2023	1200	1250	104.17%	8.79%	18.29%	6.56%	50	4.20%	3%	1.50	8.73	17.18%
预测值	2023	1200	1300	108.33%	8.79%	23.02%	6.56%	100	8.30%	3%	3.00	8.73	34.35%
预测值	2023	1200	1350	112.50%	8.79%	27.76%	6.56%	150	12.50%	3%	4.50	8.73	51.53%
预测值	2023	1200	1400	116.67%	8.79%	32.49%	6.56%	200	16.70%	3%	6.00	8.73	68.70%
预测值	2023	1200	1450	120.83%	8.79%	37.22%	6.56%	250	20.80%	3%	7.50	8.73	85.88%
预测值	2023	1200	1500	125.00%	8.79%	41.95%	6.56%	300	25.00%	3%	9.00	8.73	103.05%

通过对以上案例的分析，想必大家对虚拟合伙模式有了更深的认识，我总结了虚拟合伙模式的优缺点，如表1-22所示。

表1-22 虚拟合伙模式的优缺点

优 点	缺 点
1. 本质上是分享制 虚拟合伙不涉及股权变更，不必去工商部门注册登记	1. 现金流要求高 公司现金流压力大，员工每年分红的意愿强烈
2. 设置灵活 虚拟合伙本质上是一种公司的内部奖金激励机制，可根据公司实际情况和员工表现进行灵活调整	2. 税务成本较大 按"工薪所得"的3%~45%缴纳个人所得税，当分红超过96万元时，缴纳45%的个人所得税
3. 收益与公司业绩挂钩 帮助员工建立起个人收益与公司发展挂钩的意识，为将来的实股激励做铺垫，是一种过渡方案	3. 员工缺乏安全感，制度保障性差 公司有可能取消合伙制度，给员工的安全感远不如实股激励
4. 进入和退出简单 因为无须在工商部门进行变更登记，所以虚拟合伙管理起来较为方便	4. 风险和收益不对称 员工不出资、不需要承担任何风险就可获得额外收益，收益与风险不匹配，不利于公司

总之，对于老板来说：

能用绩效解决的，就不用实股；

能用金钱解决的，就不用实股。

第二节
员工事业合伙模式

方案要落地，离不开对人性的顺应。

人是趋利避害的，当企业发展前景不乐观、企业没有稳定的赚钱预期、没有外部资本加持时，实股是不值钱的，员工也不会同企业荣辱与共。

那么，实股在什么时候值钱呢？我认为，实股值钱必须同时满足三个条件，如图1-7所示。

图1-7 实股值钱的三个条件

孟子曰："天时不如地利，地利不如人和。"

外部投资人一般被称为"天使"，而"天使下凡"是讲究时机的，这个时机就是"天时"。

企业相当于一块田地，正如肥沃的土地才有好的收成一样，公司赚到钱，它的实股才值钱，这就是"地利"。

"得道者多助，失道者寡助"，让员工赚到钱是最大的"道"，是最好的"人和"。

而企业在导入实股激励前，老板要思考三个问题，如图1-8所示。

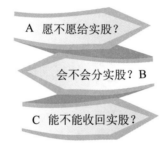

A　愿不愿给实股？

会不会分实股？B

C　能不能收回实股？

图1-8　导入实股激励前要考虑的三个问题

愿不愿给实股，体现老板的胸怀，是导入实股激励的前提。

会不会分实股，体现老板的智慧，也是其对方法论的运用。

能不能收回实股，体现老板对人性的理解，实股收放自如，有利于动态调整。

因此，实股激励是门技术活，比虚拟合伙复杂多了。

在本书中，我把实股激励归于员工事业合伙模式。这里的实股，是指在工商部门登记注册的股权，主要表现为自然人持股、有限公司持股、有限合伙企业持股及个人独资企业持股4种类型，也可以概括为直接持股与间接持股两种类型。

其中，个人独资企业持股，自2022年1月1日起一律适用查账征收方式计征个人所得税，最终个人独资企业持股模式退出了历史舞台(参见财政部 税务总局公告2021年第41号《关于权益性投资经营所得个人所得税征收管理的公告》)。

本书重点分析前三种持股模式。

一、自然人持股模式

自然人持股模式，是指自然人直接以其身份证登记注册并成为公司股东的模式。这里的自然人可以是老板，也可以是联合创始人和早期员工，也就是我们常说的"股东"。自然人持股的工商登记手续简便、股权结构简单，适用于初创公司。因为初创公司的经营还不稳定，还不确定能否生存下去，不建议设计复杂的股权结构。此模式下的初创公司在度过生存期，发展到一定规模，有稳定的盈利后，便可对股权结构进行调整，以谋求更好的发展。

另外，股东是有人数限制的，例如《公司法》第四十二条规定："有限责任公司由一个以上五十个以下股东出资设立。"《公司法》第九十二条规定："设立股份有限公司，应当有一人以上二百人以下为发起人，其中应当有半数以上的发起人在中华人民共和国境内有住所。"

如果老板或员工打算在公司上市后出售股票，则优先考虑自然人直接持股，利用纳税地点做一定的税收筹划，以降低税负。

案例1-9 天邦食品100%自然人持股上市，对员工的激励效果好

天邦食品股份有限公司(SZ，002124)成立于1996年9月，该公司拥有水产饲料、生物制品、生猪养殖、生鲜食品、工程建设5个业务板块，是我国产业链齐全的动物源食品企业之一。

2001年3月，公司进行股份改制。

2005年12月，公司IPO前的股权架构很有特点，即全部自然人持股，股东人数为15名，如图1-9所示。其中，公司上市后，张邦辉、吴天星及张志祥的股份锁定3年；其他股东的股份锁定1年。

2007年4月，公司成功上市。

2007年7月，戚亮、苏江、沈紫平等6名股东在二级市场上抛售全部股票并退出。

2010年6月，陈能兴、张炳良、陆长荣等6名股东在二级市场上抛售全部股票并退出。

因为采用直接持股的方式，这些自然人股东能自己决定何时卖出股票、卖出多

少股票，而不用看大股东张邦辉及吴天星的眼色，即"我的股票，我做主"。

但是，如案例1-9一样全部以自然人持股而上市成功的企业很罕见。

股东名称	股份数 / 万股	股权比例 / %
张邦辉	1650	33
吴天星	1550	31
张志祥	375	7.5
戚 亮	325	6.5
陈能兴	325	6.5
沈紫平	250	5
张炳良	100	2
卢邦杰	100	2
陆长荣	75	1.5
周立明	50	1
姜建成	50	1
周卫东	50	1
马丰利	50	1
苏 江	25	0.5
徐新芳	25	0.5
合 计	5000	100

图1-9　天邦食品上市前的股权架构(摘自招股说明书)

(一) 自然人持股的优点

对于员工来说，以自然人身份直接持股，是激励效果最好的模式。自然人持股模式的优点主要表现在以下两个方面。

1. 权力较大

(1) 拥有法定的表决权，例如公司召开股东会，均须通知自然人股东出席，且自然人股东须在会议纪要上签字，否则可能造成股东会会议瑕疵，甚至不合法。

(2) 对某些事项的决定权，例如股东要同股不同分红，比如持有1%股权的股东要获得10%的分红，须全体股东同意。依据《公司法》第二百一十条第四款："公司弥补亏损和提取公积金后所余税后利润，有限责任公司按照股东实缴的出资比例分配利润，全体股东约定不按照出资比例分配利润的除外；股份有限公司按照股东所持有的股份比例分配利润，公司章程另有规定的除外。"

(3) 在股权转让时，自然人股东具有较大的自主权。除公司章程另有约定外，自然人股东对内转让股权是不受限制的，对外转让股权时须提前30天通知；对于上市公司，自然人股东可以直接在二级市场上减持股票。

2. 有知情权

《公司法》第五十七条第一款规定："股东有权查阅、复制公司章程、股东名册、股东会会议记录、董事会会议决议、监事会会议决议和财务会计报告。"即使自然人股东持有0.1%的股份，也拥有法律赋予的知情权。

股东行使知情权，须同时满足以下三个条件，如图1-10所示。

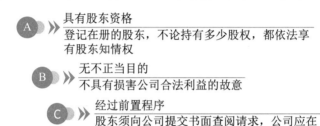

图1-10 股东知情权的三个条件

(二) 自然人持股的不足

自然人持股也存在不足，主要表现在以下4点。

1. 沟通成本高

自然人股东人数较多时，会造成公司决策效率低下，新股东进入与退出都需要签字同意，易形成僵局。

例如，杭州青设会投资管理有限公司成立于2016年3月，主营室内空间设计，注册资金500万元，由9名自然人组成，其中8人股权比例均为11.11%(注：其中李×为法定代表人)，1人持股11.12%，是大股东，该公司股权架构如图1-11所示。

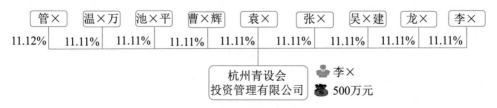

图1-11 杭州青设会投资管理有限公司股权架构

这种股权架构给人的第一感觉就是该公司股权平分，没有实际控制人。该公司要想长久经营，持股11.12%的大股东必须是精神领袖(事实上也是如此)，或许其他股东看中的是该公司的平台，能在公司学到东西或获得自己想要的资源。

请大家思考一下，这种全部由自然人持股，且股东人数超过5人的公司，各股东的能力与贡献不同，而红利按持股比例分配，未来会不会产生一些不和谐的声音？

2. 不敢分红

在自然人持股模式下，公司不敢分红。这是因为，未来公司分红，自然人股东要交个人所得税，税率是20%，且没有太多的税务优惠政策，导致公司赚钱但股东个人没钱的窘境。

3. 股东纠纷

如果一个企业既有自然人持股，又有法人公司持股或有限合伙企业持股，而股权都是由同一个老板控制的，就不存在股东纠纷问题。

但是，在实操中，更多情况是由不同股东持股，那么在分红环节，自然人股东不愿分红，因为要交个人所得税；而法人公司股东则巴不得早分红，因为享受免税待遇(注：《中华人民共和国企业所得税法》第二十六条第二款)，股东纠纷由此产生。

虽然可以通过同股不同分红来规避纠纷，例如自然人股东持有20%股份，分5%红利，如此操作会造成自然人股东分红少，法人公司股东分红多的局面(注：实操中，法人公司会把多分的属于自然人股东的部分，通过其他方式给自然人股东，但可能有涉税风险)。长此以往，眼看他人起高楼，自然人股东的心态会发生微妙的变化，最终不愿分红。

例如，杭州公司由自然人张三及甲公司构成，持股比例分别为40%及60%，注册资金为1000万元，张三担任杭州公司执行董事及法定代表人。经过多年的发展，杭州公司却一直未分过红利。

目前，杭州公司的未分配利润为3500万元，盈余公积为500万元，净资产为5000万元。根据《公司法》的规定，甲公司持股超过了50%，有权决定杭州公司是否分红，甲公司初步想法是分红2000万元，如图1-12所示。

甲公司在召开股东会之前，把这个想法通知了自然人张三，不料遭到张三的强烈反对。张三认为，若分红，甲公司免税，而他应交的个人所得税=2000×40%×20%=160(万元)，这个税额有点多！

于是，张三提出另外一种解决方案，即杭州公司不分红，股东缺钱时，可以向杭州公司借款。张三的方案马上遭到甲公司的否决，结果两位股东不欢而散。

股东一

张三

我要
借款

实收资本	1000万元
资本公积	0
盈余公积	500万元
未分配利润	3500万元
所有者权益	5000万元

股东二

甲公司

我要
分红
2000万元

图1-12　张三与甲公司对待分红的态度

对于大股东——甲公司而言，接下来利用控股地位召开股东会，提议免去张三担任的执行董事及法定代表人的职务，张三在会议纪要上签字反对，但反对无效。此时两股东斗争加剧，到了不可调和的地步。

这是一场股东因分红而引发的"血案"！谁能想到背后的隐患居然是股东的持股形式？

4. 投资受限

例如，李四100%投资成立水果分选设备制造公司——A公司，经过多年经营，A公司年净利润为2000万元，且有IPO计划。现在李四打算投资VOC(挥发性有机化合物)废气处理环保公司——B公司，投资金额达1500万元。

李四有两个方案：一是直接由A公司出资设立B公司；二是仍然以自然人形式出资设立B公司。因为A公司与B公司分属于不同板块，若直接由A公司出资，未来A公司上市时可能涉及剥离B公司的操作，费时费力。本着主业清晰的原则，不如现在就一步到位，以自然人形式出资设立B公司。

但是，李四手头资金不足，眼看着投资机会即将流失，他一筹莫展。此时，李四想到一个办法，能否把A公司的2000万元净利润通过分红方式拿出，再由李四投资设立B公司，如图1-13所示。

财务经理小王给李四泼了一盆冷水，因为李四分红时要交的400万元(2000×20%)个人所得税，实得1600万元。面对如此巨额的

图1-13　先分红再投资

个人所得税支出，李四瞬间打消了对外投资的想法。

二、有限公司持股模式

有限公司持股模式，是指员工直接持有A公司的股权，然后以A公司为股东持有B公司股权的持股模式，如图1-14所示。其中，A公司为员工的持股平台。

图1-14　有限公司持股模式(A公司有2人以上股东)

在此模式下，A公司对B公司行使的表决权是通过A公司的公章来体现的，这与自然人持股不同，后者是通过签字来实现的。因此，有限公司持股与自然人持股类似于集体与个体的关系。

而A公司是有限公司，员工持股人数上限为50人，存在股权分散的情形。

实操中，此模式须同时满足以下三个条件。

一是老板需要真金白银地投入A公司，老板是出资最多的自然人股东，否则不能服众。有限公司持股不像有限合伙，可以用较少的出资达到100%控制之目的。

二是老板一般会与员工签订一致行动人协议，以确保"权"出一孔。

三是最好由老板担任A公司的法定代表人，把签字权及公章牢牢掌握在自己的手上。

案例1-10　海康威视持股方案为何让员工不满

2001年11月，杭州海康威视数字技术股份有限公司(以下简称"海康威视")成立，主营安防电子产品及相关服务，当时的海康威视股权架构如表1-23所示。

表1-23 海康威视初创时股权架构(摘自招股说明书)

股 东 名 称	出资额/万元	出 资 比 例
浙江海康信息技术股份有限公司	255	51%
龚虹嘉	245	49%
合计	500	100%

2004年8月，海康威视董事会通过了对核心团队(共51人)实施股权激励的决议。对于员工是直接持股还是间接持股，当时有两种方案，如图1-15所示。

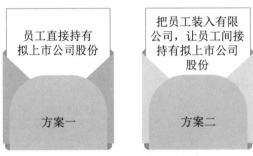

图1-15 员工持股的两种方案

最终，海康威视选择了方案二。

因为当时决策者认为，方案一会造成拟上市公司自然人股东太多，决策效率低的问题，而且上市前要签署很多法律文件，纷繁复杂。

海康威视股权激励的具体操作如下。

2007 年11 月，海康威视董事会通过决议，同意外资股东龚虹嘉将所持公司15%的股权以75 万元价格转让给杭州威讯投资管理有限公司(注：威讯投资系49名核心员工的持股平台，称为"员工持股平台")。

同时，龚虹嘉将其所持有的公司5%的股权以2520.28万元价格转让给杭州康普投资有限公司(注：康普投资系总经理与副总经理的持股平台，称为"高管持股平台"，其中陈春梅为大股东，陈春梅是龚虹嘉的夫人)。海康威视高管持股平台的股权架构如表1-24所示。

表1-24 海康威视高管持股平台的股权架构(摘自招股说明书)

序号	姓 名	任职公司及职务	持股金额/万元	持 股 比 例	资 金 来 源
1	陈春梅	康普投资董事长	2240	80%	其他家庭收入
2	胡扬忠	海康威视总经理	336	12%	自有和亲友资助
3	邬伟琪	海康威视常务副总	224	8%	自有和亲友资助
	合计		2800	100%	—

浙江海康信息技术股份有限公司放弃本次优先受让权。

可以看出，大股东龚虹嘉对这两个持股平台的转让价格有所不同，给员工持股平台时股权估值为500万元(75/15%)；而给高管持股平台时股权估值约5.04亿元(2520.28/5%)，两者相差约100倍！

本次股权转让完成后，海康威视的股权架构如表1-25所示。

表1-25　持股平台进入后，海康威视的股权架构(摘自招股说明书)

股东名称	出资额/万元	出资比例
浙江海康信息技术股份有限公司	7140	51%
龚虹嘉	4060	29%
杭州威讯投资管理有限公司	2100	15%
杭州康普投资有限公司	700	5%
合计	14 000	100%

2010年5月，海康威视成功登陆深圳证券交易所中小板(股票代码：002415)。

2011年5月，员工限售股解禁。

股票解禁后就要在二级市场上抛售，进行套现，员工奋斗了这么多年，总是要改善一下生活的。具体来说，员工套现分为两步：

第一步，通过杭州威讯投资管理有限公司及杭州康普投资有限公司减持，属于有限公司转让股权，交25%的企业所得税。

第二步，员工出售股票，交20%的个人所得税。这两步综合税负为40%(25%+75%×20%)。

这税交得有点多啊！受高税负的影响，员工对公司上市的喜悦顿时荡然无存。

无独有偶，当年平安保险也让员工在有限公司间接持有拟上市公司的股票，公司上市后也引发了员工强烈不满。

有些时候我们会埋怨那些从事上市辅导的券商，责怪他们不在公司上市前提前考虑好员工持股平台的模式。其实，立场决定行动。券商关注的是合规！只要符合资本市场的要求，尽可能在较短的时间内上市，券商就完成了本职工作，并不对股权框架进行大的改动。券商这样做主要有两点原因：一是任何新事物和变化都需要花时间去验证，对于股权架构的调整也是一样，会影响上市进程；二是券商只收了一部分首付款，要等到上市后才能收到大部分尾款，他们没有动力做额外的事情。

由此看出，顶层设计很重要！不然前期没有统筹规划，后期悔之不及。

案例1-10为2人(含)以上股东持有某个有限公司股权的情形。实操中，有一个特殊的情形，即1名自然人股东100%持有有限公司股权的情形，即通常所说的"一人公司"，如图1-16所示。

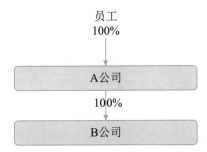

图1-16 有限公司持股模式(A公司为1人股东)

案例1-11 **缪某的一人公司为何被法院判决承担900万元的"连带责任"及缪某为何能以"不当得利"追回900万元**

话说郎某与空姐缪某交往期间，缪某注册了上海馨源文化传播有限公司(以下简称"馨源公司")，该公司为一人有限公司，股东就是缪某本人(注：馨源公司已于2020年7月3日注销)。

郎某向银行借了900万元汇给馨源公司，名义是买卖合同货款。后来他们关系破裂，郎某起诉馨源公司，要求退回900万元货款。

上海宝山区人民法院审理认为："郎某与馨源公司间的买卖合同成立，馨源公司未履行合同义务，应当承担相应违约责任。"

但是，馨源公司没钱偿债，那么缪某是否负有连带责任呢？

《公司法》第二十三条第三款规定："只有一个股东的公司，股东不能证明公司财产独立于股东自己的财产的，应当对公司债务承担连带责任。"

缪某作为馨源公司的唯一股东，只要举证个人财产与公司财产相互独立，在注册资金范围内承担债务就可以了，更不会牵扯到个人财产。但是，缪某无法举证。

最终上海市第二中级人民法院支持了郎某的诉求，要求缪某连带赔付900万元。上海市第二中级人民法院判决结果如图1-17所示。

| 2015-11-18 | 民事判决书 | 判决结果：一、维持上海市宝山区人民法院(2014)宝民一(民)初字第3721号民事判决主文第一项；二、撤销上海市宝山区人民法院(2014)宝民一(民)初字第3721号民事判决主文第二项；三、缪××对上海馨源文化传播有限公司的上述还款义务承担连带责任。 |
| 2015-11-20 | 民事判决书 | 判决结果：一、维持上海市宝山区人民法院(2014)宝民一(民)初字第3721号民事判决主文第一项；二、撤销上海市宝山区人民法院(2014)宝民一(民)初字第3721号民事判决主文第二项；三、缪××对上海馨源文化传播有限公司的上述还款义务承担连带责任。 |

图1-17 上海市第二中级人民法院支持了郎某的诉求

但缪某没有善罢甘休。

2016年初，她向上海市虹口区人民法院起诉上海高汉新豪投资管理公司(以下简称"高汉新豪")，指其"不当得利"。

高汉新豪就是著名的郎基金，也曾经是"爆雷"平台合拍贷的股东之一，创始人郎×玮是郎某的长子。

馨源公司坚持认为，缪某与郎某没有发生真实的货物交易。

其实真相是这样的：

2011年，因为缪某买房缺少资金，郎某以消费贷款名义向银行申请了900万元。

2012年，银行贷款到期，郎某又向高汉新豪拆借了900万元还款。

于是，贷款到期还款之后，银行这次给馨源公司放款900万元。但转头，馨源公司就按郎某的指示将钱还给了高汉新豪公司(注：未注明款项用途)。郎×玮明确表示，自己提供的其实是过桥资金。

但是有一个环节是有漏洞的：高汉新豪是给郎某汇钱的，但是到了还款的时候，馨源公司直接汇了900万元给高汉新豪公司，即高汉新豪尚欠馨源公司900万元。

高汉新豪称，在2012年9月至10月，高汉新豪公司尤某(郎某的儿媳尤珺)及邵×华共转给郎某900万元。

鉴于缪某与郎某之间的"特殊关系"，这900万元转给郎某就等于转给馨源公司。

不过，上海市虹口区人民法院认为"钱转给郎某就等于转给馨源公司"不成立，经过一审、二审，高汉新豪公司被判定"不当得利"。最终，缪某成功"追回"900万元(见图1-18)。

图1-18 缪某打赢了"不当得利"的官司

结论：郎某告赢了缪某，但缪某告赢了郎某的儿子。

最后，我把郎某与缪某纠纷的来龙去脉总结了一下，如图1-19所示。

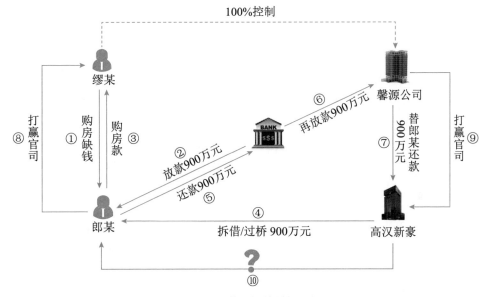

图1-19 郎某与缪某纠纷分解

通过案例1-11的启示，大家可能有这样的疑问：在一人公司里面加一个人——配偶，成为"夫妻公司"，这个公司就不是一人公司了吧？

夫妻公司是指股东只有夫妻配偶两个人的有限责任公司，夫妻公司有可能被视为一人公司，因为夫妻财产共同所有，实质只享受一个股权，并不是形式上的两个股权。

因此，"夫妻公司"等于"一人有限公司"。

下面，我举一个案例，大家思考这种架构是不是一人公司。

案例：B公司注册资金100万元(注：实缴0元)，股东分别为自然人张三和A

公司，张三持股51%，A公司持股49%。而自然人张三同时也是A公司的唯一股东，张三同时担任B公司的法定代表人，如图1-20所示。

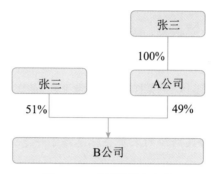

图1-20　B公司的股权架构

其实这种股权架构经常出现在企业的创立之初，特别是配偶不方便当股东的情形。请大家思考：

(1) B公司是一人公司吗？

(2) 张三负有无限连带责任吗？

最后，我站在老板的角度对有限公司持股模式利弊做了一个小结，如表1-26所示。

表1-26　有限公司持股模式的利弊比较

利	弊
1. 工商显名 员工以自然人股东身份在A公司持股，激励效果好	1. 人数受限 A公司人数上限为50人，员工人数过多时只能通过代持或往上再搭1~N层公司解决
2. 力出一"章" 通过股东盖章，方便老板对B公司进行控制	2. 知情权受限 对B公司没有话语权，仅有受限的分红权
3. 利益平衡 当员工不服从领导时，表决权超过50%的老板可以让A公司不分红，增加了老板对利益进行调节的筹码	3. 税负偏高 员工股权转让时，双重征税，先交企业所得税，再到交个人所得税，综合税负达40%

三、有限合伙企业持股模式

有限合伙企业持股模式，指员工在有限合伙企业C中持有一定的财产份额，然后以有限合伙企业C为股东持有有限公司D股权的持股模式，如图1-21所示。

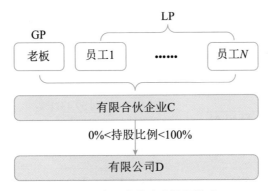

图1-21　有限合伙企业持股模式

《中华人民共和国合伙企业法》(以下简称《合伙企业法》)第二条规定："本法所称合伙企业，是指自然人、法人和其他组织依照本法在中国境内设立的普通合伙企业和有限合伙企业。"有限合伙企业由普通合伙人(GP，general partner)和有限合伙人(LP，limited partner)组成，GP对合伙企业债务承担无限连带责任，LP以其认缴的出资额为限对合伙企业债务承担责任。

《合伙企业法》第六十一条规定："有限合伙企业由二个以上五十个以下合伙人设立；但是，法律另有规定的除外。有限合伙企业至少应当有一个普通合伙人。"

通常来说，GP拥有有限合伙企业100%表决权，而LP无任何表决权。

为了达到分股不分权的目的，很多公司采用有限合伙企业作员工持股平台。例如，由老板担任GP，执行合伙企业事务；而员工担任LP，不参与合伙企业管理，只是获得相应的分红。

案例1-12　贝达药业以有限合伙企业作为控股股东并IPO上市成功

贝达药业股份有限公司(以下简称"贝达药业"，证券代码：300558)成立于2003年1月，总部位于杭州，是一家由海归高层次人才团队创办，以自主知识产权创新药物研究和开发为核心，集研发、生产、市场销售于一体的高新制药企业。2016年11月7日，本土创新企业——贝达药业在深交所创业板成功上市，股票代码为"300558"。

公开资料显示，从创业到筹备上市，贝达药业通过引入、转让等方式不断进行股权改革，形成稳定的股权结构，最终上市成功。

贝达药业截至招股说明书签署之日的股权架构如图1-22所示。

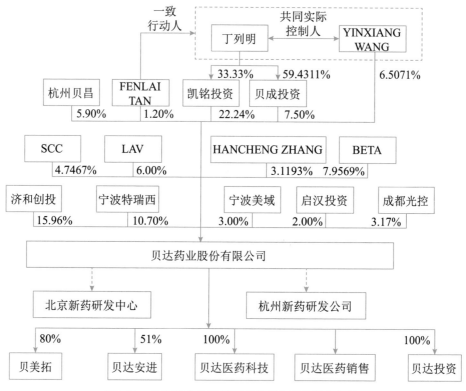

图1-22 贝达药业招股说明书签署之日的股权架构

根据贝达药业招股说明书，公司控股股东为宁波凯铭投资管理合伙企业(有限合伙)(以下简称"凯铭投资")、浙江贝成投资管理合伙企业(有限合伙)(以下简称"贝成投资")和YINXIANGWANG，其中，凯铭投资(有限合伙)持有公司22.24%的股份，贝成投资(有限合伙)持有公司7.50%的股份，YINXIANGWANG持有公司6.5071%的股份。

凯铭投资(有限合伙)、贝成投资(有限合伙)的普通合伙人和执行事务合伙人均为丁列明，而丁列明也与YINXIANGWANG一起成为公司的共同实际控制人。

除了担任普通合伙人及执行事务合伙人外，丁列明持有凯铭投资(有限合伙)份额比例为33.33%，其余份额由其妻子和儿子持有，持有贝成投资(有限合伙)份额比例为59.43%，其余主要为公司高管。宁波凯铭投资管理合伙企业(有限合伙)系家族持股平台，其合伙人构成如表1-27所示。其中Casey Shengqiong Lou为丁列明之妻，丁师哲系丁列明之子。

表1-27　宁波凯铭投资管理合伙企业(有限合伙)合伙人构成

序　号	合伙人名称	合伙人类型	出资额/万元	权益比例/%
1	丁列明	普通合伙人(GP)	4 231 877	33.33%
2	丁师哲	有限合伙人(LP)	6 052 612	47.67%
3	Casey Shengqiong Lou	有限合伙人(LP)	2 412 411	19.0%
合计			12 696 900	100%

浙江贝成投资管理合伙企业(有限合伙)系员工持股平台，GP为丁列明；胡云雁、沈海蛟等36名员工担任LP。

贝达药业是目前可以搜索到的唯一一个有限合伙企业作为控股股东、自然人GP被认定为实际控制人并IPO上市成功的案例。

有限合伙企业持股模式的优点是老板拥有100%的控制权，是天然的AB股架构。

而不足之处有两个：一是税务成本过高，例如员工在二级市场减持股票时，其收益按"生产经营所得"，适用5%~35%的税率，但有一定的财政返还的优惠政策；二是员工不能自行决定减持的时间，这一切得听老板的。

可见，坐在什么位置，就思考什么问题、做什么事情。老板更愿意选择有限合伙企业作员工持股平台，这样可以把利润让渡出去，但要注意控制权要把握在自己的手中；而员工更倾向于自然人持股模式，以寻求更大的自由度和话语权。

案例1-13　某物联网企业如何用两个有限合伙企业解决股份数量公平性问题

西安××物联网技术有限公司——F公司，专注于文物保护物联网技术和产品的研发及产业化的高新技术企业，注册资金为3000万元，已实缴到位，股权架构较简单，系两个法人公司持股(如图1-23所示)。

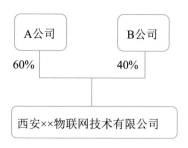

图1-23　F公司员工激励前的股权架构

其中A公司老板王二，是享受国务院特别津贴的业内领军人物，担任F公司的董事长兼法定代表人；梁三在F公司工作近12年，系业内资深专家，担任F公司总经理。

为了激励以梁三为核心的经营团队，F公司董事会决定成立员工持股平台，以股权转让方式出让10%的股权给经营团队(注：我们咨询团队提出增资扩股的方案，但王二还是选择了股权转让方案：一是想给国家多交点税，二是B公司不愿同比例稀释，但同意拿出2%股权给员工持股平台。最终确定A公司转让8%股份，B公司转让2%股份。通过本案例，我的体会是，个性化的咨询方案要更多体现主要股东的意志，同时兼顾员工的利益及诉求)。

我把部分方案内容分享给大家。

一、激励对象选拔标准

1.定性

激励对象要认同F公司的企业文化，愿意为F公司使命、愿景与价值观而奋斗，能独当一面，具有一定的不可或缺性，且愿意与F公司签订《保密协议》，在未来三年不离职。

2.定量(同时满足)

(1) 工龄：3年及以上。

(2) 职级：首期以F公司股东会(两个股东)及总经理(注：涉及本人利益时回避表决)按照以往绩效考核成绩推荐的骨干员工为主，第二期及以后期次由董事会另行规定。

(3) 业绩：上年度绩效考核(经转换标准后)得分在85分及以上。

二、定价策略

结合F公司实际情况及未来发展规划，F公司采用净资产估值方法。根据

2022年8月F公司的经审计后的账面净资产3450万元，注册资金3000万元，确定本F公司的总股数为3000万股。

首期合伙人每股价格=1.15元/股(即3450万元/3000万股)；第二期及以后期次的进入定价，根据F公司董事会当年的净资产计算，并统一公布。

三、出资购股

1. 持股比例

(1) 首期合伙人被授予的股份占F公司总股份数量的比例不超过4%。

(2) 第二期及以后期次合伙人被授予的股份占F公司总股份数量的比例，不超过6%。其中，首期合伙人可在第二期激励时，跟投不超过30%的股份数量。持股比例如表1-28所示。

表1-28　激励对象的持股比例

期　　次	激　励　对　象	持股比例(占公司)
首期	首期合伙人	不超过4.0%
第二期	跟投第二期的首期合伙人	不超过1.8%
	第二期新合伙人	不超过4.2%

2. 持股数量

(1) 通过选拔流程，董事会确定首期合伙人，共8人。

(2) 为了解决公平性问题，董事会依据我们提供的"实股激励价值评估系统"(业绩权重50%、工龄权重20%、岗位权重30%及董事长调节系数权重20%，如图1-24所示)确定首期合伙人的股份数量，具体测算数据如表1-29所示。

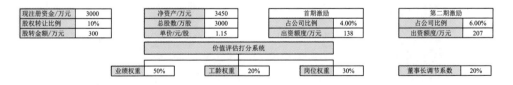

图1-24　实股激励价值评估系统

表1-29 首期合伙人持股数量测算

姓名	岗位	岗位系数	工龄/月	绩效业绩	董事长调节系数	岗位得分	工龄得分	业绩得分	董事长调节得分	因素得分	出资比例	出资额度/万元	单价/元/股	持股数量/万股	占公司比例/%
A	总经理	4.00	165	1.50	1.00	100	100	100	83	58.30	16.28%	22.47	1.15	19.54	0.65%
B	副总经理	3.40	164	1.25	1.20	85	99	83	100	53.40	14.91%	20.58	1.15	17.90	0.60%
C	副总经理	3.40	162	1.25	1.20	85	98	83	100	53.30	14.89%	20.54	1.15	17.86	0.60%
D	副总经理	3.40	62	1.00	1.00	85	38	67	83	41.60	11.62%	16.03	1.15	13.94	0.47%
E	副总经理	3.40	45	0.90	1.00	85	27	60	83	38.75	10.82%	14.94	1.15	12.99	0.43%
F	总监	3.00	165	0.90	1.00	75	100	60	83	44.55	12.44%	17.17	1.15	14.93	0.50%
G	总监	1.60	60	1.25	0.80	40	36	83	67	37.05	10.35%	14.28	1.15	12.42	0.41%
H	总监	1.60	56	0.90	0.80	40	34	60	67	31.10	8.69%	11.99	1.15	10.42	0.35%
合计											100.00%	138.00	1.15	120.00	4.00%

3. 启动条件(如表1-30所示)

表1-30　激励对象的出资购股启动条件

期　次	启动条件
首期	本方案经股东会审批生效
第二期(满足其一)	① 2年后，F公司年度营收3亿元且净利润3000万元时
	② 董事会认为合适的时间
第三期及以后期次	由董事会决定

经过前两期的员工激励后，未来F公司的股权架构如图1-25所示。

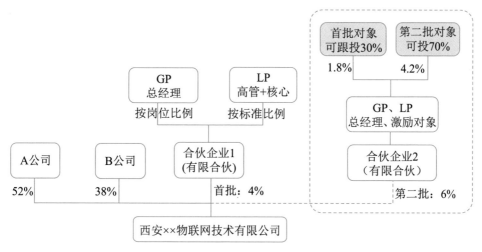

图1-25　未来F公司的股权架构

四、出资规定

1. 出资额度

首期合伙人的出资额度=根据价值评估系统确定的持股比例对应数量×每股价格

2. 出资方式

(1) 首期合伙人个人出资50%，剩余50%以每年的分红优先回填其认缴出资额。

(2) 首期合伙人出资回填全部完成后，F公司办理工商变更手续。

五、持股平台

F公司成立两家合伙企业(有限合伙)作为持股平台，分别为合伙企业1和合伙企业2，由董事长王二担任两家合伙企业的GP，如表1-31所示。

表1-31 激励对象的出资主体

期 次	激励对象	持股平台
首期	首期合伙人	合伙企业1，董事长担任GP
第二期	跟投第二期的首期合伙人	合伙企业2，董事长担任GP
	第二期新合伙人	

六、分红规定

根据F公司当年的净利润完成情况，确定不同阶梯的分红标准，如表1-32所示。

表1-32 F公司年度净利润完成情况对应分红标准

净利润完成率X	分 红 标 准
$X < 80\%$	无
$80\% \leqslant X < 100\%$	80%×可分配净利润
$X \geqslant 100\%$	100%×可分配净利润

可分配净利润=F公司的税后净利润-10%法定公积金-20%企业发展基金

首期合伙人的分红金额=其实股的持股数量×每股可分配利润=其实股的持股数量×(可分配净利润×100%/总股数)

举例测算如表1-33所示。

表1-33 首期合伙人的分红测算举例

科 目	2022年12月	2023年12月	2024年12月	2024年12月(对比值)
营业收入/万元	15 000	24 000	31 000	31 000
净利润目标/万元	1500	2400	3100	3100
实际净利润/万元	1510	1900	3150	3050
净利润完成率	100.7%	79.2%	101.6%	98.4%
分红比例	100%	0%	100%	80%
法定公积金等不分配的净利润/万元	453	570	945	915
可分配净利润/万元	1057	0	2205	1708
公司的出资投入总额/万元	4500	4500	4500	4500
总股数/万股	3000	3000	3000	3000
合伙人的出资投入金额/万元	180	180	180	180

（续表）

科　　目	2022年12月	2023年12月	2024年12月	2024年12月（对比值）
每股可分配利润/元	0.3523	0	0.735	0.5693
合伙人的分红总额/万元	42.28	0.00	88.20	68.32
投资回报率	23.5%	0.0%	49.0%	38.0%

大家学习了有限合伙企业持股模式，能否解决本书案例1-10中海康威视面临的问题呢？答案是肯定的。2011年10月，海康威视把员工持股平台——杭州威讯投资管理有限公司迁址至低税负地区——新疆乌鲁木齐市，并变更名称为新疆威讯投资管理有限合伙企业。海康威视直接"变性"，由有限合伙企业持股，没有收到税务机关的任何罚款。

但同样的操作，同花顺却被罚了25亿元，同样的"配方"，不一样的结果！

案例1-14　同花顺员工持股平台迁址，为何被罚25亿元

2023年3月20日，浙江核新同花顺网络信息股份有限公司（以下简称"同花顺"）召开年度股东大会。

本来是要讨论人工智能领域的话题的，但股东对同花顺的第三大股东（持股9.47%）及员工持股平台——上海凯士奥信息咨询中心（有限合伙）（以下简称"凯士奥"）补税25亿元表示强烈关注，他们对这些信息是否需要公告、为何不见公告有所质疑。

好好的股东大会，却变成对管理层的批斗会。这是因为，2022年11月，凯士奥收到国家税务总局上海市宝山分局《税务事项通知书》，通知书指出凯士奥"涉嫌在转换组织形式的过程中未申报缴纳相关税款"，需要补缴税款25亿元。

这就得从凯士奥三次迁址并更名讲起。

一、历次迁址

古有孟母三迁，今有同花顺三迁。

我梳理了这个持股平台的前世今生，其三次迁址可分为7个步骤，如图1-26所示。

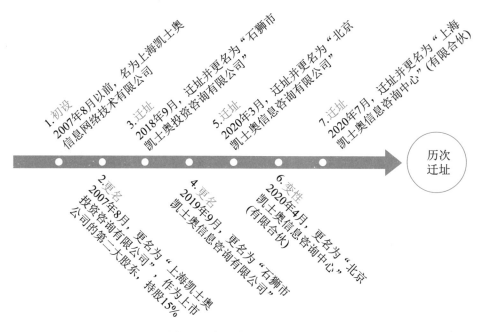

图1-26　凯士奥迁址的7个步骤

二、被罚原因

问题就出在上述第6个步骤——"变性"。

其实，并非所有地区都支持公司性质的转换，而北京中关村国家自主创新示范区恰好是政策支持范围内的地区。

变性当日(2020年4月30日)，同花顺收盘价为119.34元/股，按当时凯士奥持股5314.56万股计算，市值为63.42亿元。

《财政部 国家税务总局关于企业重组业务企业所得税处理若干问题的通知》(财税〔2009〕59号)规定："企业由法人转变为个人独资企业、合伙企业等非法人组织，或将登记注册地转移至中华人民共和国境外(包括港澳台地区)，应视同企业进行清算、分配，股东重新投资成立新企业。企业的全部资产以及股东投资的计税基础均应以公允价值为基础确定。"即凯士奥由有限公司转为有限合伙企业，在税务处理上视同公司注销，要清算，清算完分配，股东用分配的所得再注册成立有限合伙企业。

因此，对于凯士奥(注：前身是公司制)而言，要缴纳25%企业所得税和20%个人所得税，综合税率为40%。在凯士奥变更为合伙企业时，税务部门将凯士奥所持有的股票，视作以当天同花顺股票收盘价进行变卖，所取得的收入应缴纳所得税，由此计算出25亿多元的税负。

对于这么多罚款，凯士奥能否在规定的时间内缴纳？因为凯士奥只是员工持股平台，不存在其他生产经营业务。

因此，凯士奥只能通过出售股票来筹集税款。

但同花顺在2009年IPO时，凯士奥曾做出股份自愿锁定的承诺："除前述锁定期外，本公司每年转让的股份不超过本公司所持有的浙江核新同花顺网络信息股份有限公司股份总数的百分之二十五。"凯士奥IPO前的承诺如图1-27所示。

> 上海凯士奥投资咨询有限公司承诺：自发行人股票上市之日起十二个月内，本公司不转让或者委托他人管理本公司持有的浙江核新同花顺网络信息股份有限公司股份，也不由浙江核新同花顺网络信息股份有限公司回购本公司持有的股份；除前述锁定期外，本公司每年转让的股份不超过本公司所持有的浙江核新同花顺网络信息股份有限公司股份总数的百分之二十五。

图1-27 凯士奥IPO前的承诺

我大致测算了一下，凯士奥要想全部解禁股票的话，还需要30多年！

三、疑问之处

疑问1：凯士奥为什么要从有限公司转换为有限合伙企业？

我认为主要因素有两个：

一是税务筹划。如果是有限公司持股，未来在二级市场上减持，综合税负为40%。而有限合伙企业不同，LP的收入为"经营所得"，适用税率为5%~35%，低于40%的税负。

二是掌握控制权。有限合伙企业是员工持股的主要形式，主要体现在分股不分权上，即LP无任何决策权及表决权，如果老板或老板信任的人担任GP，则老板掌握了100%的表决权。

疑问2：凯士奥是否应该履行信息披露义务，凯士奥是否属于信息披露义务人？

《证券法》第七十八条规定："发行人及法律、行政法规和证监机构规定的其他信息披露义务人，应当及时依法履行信披义务。"

2021年《上市公司信息披露管理办法》规定，信息披露义务人，是指上市公司及其董事、监事、高级管理人员、股东、实际控制人，收购人，重大资产重组、再融资、重大交易有关各方等自然人、单位及其相关人员，破产管理人及其成员，以及法律、行政法规和证监会规定的其他承担信息披露义务的主体。

对于上市公司而言，信披义务人主要包括上市公司及其他信披义务人两大类，即"股东"被纳入"其他信披义务人"范畴。

因此，对于持股9.47%的第三大股东，正确的做法是及时履行信息披露义务。

最后，我对本案例做一个小结。

(1) "变性"前要想清楚，结果可能会"不男不女"。因为用旧办法解决不了新问题，用旧地图一定找不到新大陆。总之，"变性"要慎重。

(2) 财税〔2009〕59号文件，已经把有限公司直接"变性"为有限合伙企业的做法彻底推翻了。

四、混合持股模式

混合持股模式，是指企业在设计内部员工合伙模式时，股权架构包括自然人、有限公司、有限合伙企业的持股模式。

对于上市公司而言，混合持股模式是较常见的类型。

案例1-15 公牛集团混合持股模式成就了股权架构的天花板

公牛集团股份有限公司(以下简称"公牛集团"，证券代码：603195)创立于1995年，是我国制造业500强企业，专注于民用电工产品的研发、生产和销售，主要产品包括转换器、墙壁开关插座、LED照明等电源连接和用电延伸性产品。2020年2月6日，公牛集团在上交所主板挂牌上市。

公牛集团内部持股形式具有多样性的特点，有3种持股模式(注：自然人持股模式、法人公司持股模式、有限合伙企业持股模式)及9种股东类型。公牛集团IPO前的股权架构如图1-28所示。

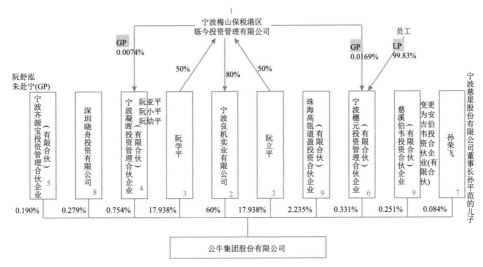

图1-28 公牛集团IPO前的股权架构(摘自招股说明书)

向大公司学习，找自己的机会。我把这9类股东按照定位及设立目的做个小结，如表1-34所示。

表1-34 公牛集团9类股东

类 型	名 称	定 位	备 注
第1类股东	宁波梅山保税港区铄今投资管理有限公司	家族投资公司，由创始人阮氏兄弟阮立平、阮学平各出资50%设立	一是用于对宁波良机实业有限公司进行投资，持股比例为80%；二是用于担任亲戚持股平台及员工持股平台的GP
第2类股东	宁波良机实业有限公司	防火墙公司，用于控制上市公司(持股比例为60%)	税务筹划及对外投资
第3类股东	阮氏兄弟，均持股17.938%，股权平分	创始人直接变现平台	方便未来在二级市场上直接减持股票
第4类股东	宁波凝晖投资管理合伙企业(有限合伙)	创始人兄弟姐妹的持股平台	有福同享，对于上市这么好的事情，一个亲戚也不能少
第5类股东	宁波齐源宝投资管理合伙企业(有限合伙)	子女的持股平台(创始人阮立平的女儿阮舒泓担任LP，女婿朱赴宁为GP)	子女变现
第6类股东	宁波穗元投资管理合伙企业(有限合伙)	员工持股平台，由宁波梅山保税港区铄今投资管理有限公司担任GP	员工激励

(续表)

类　型	名　称	定　位	备　注
第7类股东	孙荣飞(上市公司宁波慈星股份公司董事长孙平范的儿子)	朋友变现平台	不得而知
第8类股东	深圳晓舟投资有限公司	外部投资机构(有限公司类型)	减持溢价退出
第9类股东	珠海高瓴道盈投资合伙企业(有限合伙)及慈溪伯韦投资合伙企业(有限合伙)	外部投资机构(有限合伙企业类型)	减持溢价退出

综上所述，公牛集团的股权架构堪称"股权架构的天花板"，各位老板在设计合伙方案时可以多借鉴。在这里，我要指出，公牛集团最大的隐患在于创始人的股权平分。

最后，我对员工三类持股模式的税负进行比较，如表1-35所示。

表1-35　三类持股模式的税负比较

税负	持股模式		
	员工自然人持股	员工通过有限公司持股	员工通过有限合伙企业持股
股权转让的税负	个人所得税：20%	企业所得税：25%；再分到员工个人20%，综合税负40%	个人所得税：20%或5%~35%
	增值税：无	增值税：上市公司按"金融商品转让"计税，税率为6%；非上市公司：无	增值税：上市公司按"金融商品转让"计税，税率为6%；非上市公司：无
投资分红的税负	个人所得税：个人取得上市公司、新三板挂牌公司、北交所上市公司股息红利所得，按照持股期限实行差别化政策。持股期限超过1年的，免税；持股期限在1个月以内(含1个月)的，税率为20%；持股期限在1个月以上至1年(含1年)的，税率为10%	企业所得税：免征；再分到员工个人时，税率为20%	个人所得税：20%(国税函〔2001〕84号)
	增值税：无财税〔2016〕140号	增值税：无	增值税：无

第三节
裂变创业合伙模式

机制设计要顺应人性。

马斯洛需求层次理论就把人性分析得很透彻，故结合马斯洛需求层次，笔者嵌入不同层次企业员工心理需求，如图1-29所示。

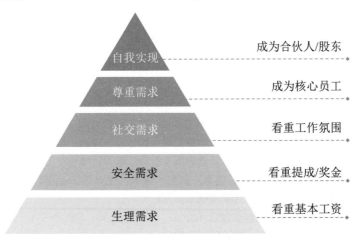

图1-29　马斯洛需求层次理论在不同层次企业员工的心理体现

员工进入企业，首先考虑基本工资有多少，企业与同行相比是否有竞争力等，基本工资是刚性的、固定的，属于"生理需求"。

老板用低薪资基本上是招不到优秀员工的。我们再进一步思考，如果苗子都有问题，后面很难进行激励，那么企业引领行业的计划可能会落空。

经过试用期，员工能力逐渐提升。这个阶段，企业应设置激励机制，引导员工通过努力去获得虚拟激励的资格，从而享有一定的分红或提成。否则，员工要么离职走人，要么混日子。因此，员工在这个阶段的需求属于"安全需求"。

员工度过安全期后，会关注企业的工作氛围，会在乎同事、上下级的融洽关系，"00后"的员工对于工作氛围的要求尤为突出。

经过3年的努力，有些员工成为独当一面的将才，成为核心员工，此时员工的职位晋升了，底薪上涨了，分红有保障了，名利双收，感受到他人的羡慕与尊重。我把这个阶段的需求归于"尊重需求"。

企业为了留住核心员工，启动了事业合伙激励计划，让员工成为股东或合伙人。但问题是员工持股比例不高，能激励的员工数量有限。员工面对外部同行企业的诱惑可能跳槽，也可能离职创业，追求自我实现。对于企业来说，可能辛苦培养的员工跳槽到竞争对手，或员工直接成立公司，成为企业的竞争对手。那么，老板就应思考如何让核心员工在企业内部创业，企业提供市场、技术、信息、管理上的支持。

因此，内部裂变创业模式走上了舞台，它是合伙的新趋势，是从管控员工到激活员工、从雇佣到合伙的新思路。

结合多年来为上市公司、IT企业及制造企业设计的落地方案，我对内部裂变创业模式的逻辑结构按照目的、对象、前提等内容进行了梳理，如表1-36所示。

表1-36 内部裂变创业模式的逻辑结构

目 的	1. 老板让渡部分利润，换取管理上的省心、安心； 2. 降低内部沟通成本及核心员工的离职率，让核心员工为自己而干
对 象	核心员工，特别是销售、研发、采购、生产等一线部门的负责人(一般销售、生产部门内部裂变概率较大)
前 提	1. 核心员工有创业意愿； 2. 老项目仍赚钱或者新项目有前途
模 式	1. 虚拟合伙，例如内部承包，形成经营报表，对财务核算要求较高，难点在于员工收入税负较高，员工劳动合同不变； 2. 实股合伙，例如子公司化，员工成为股东或合伙人，这样税负降低，一般以总部合并报表方式操作，时机成熟时员工可与子公司签订劳动合同
风 险	1. 核心员工易掌握商业机密、渠道资源，有离职创业的风险； 2. 裂变创业失败后，应妥善安排核心员工的职务，否则有员工离职的风险
顺 序	先以目前尚在盈利的非主营业务板块做试点，总结经验后，扩展至主营业务或新兴业务板块，要一试而成，不然员工工作积极性易受影响
知 名 案 例	海尔集团的"人单合一"模式、完美世界的"项目孵化"模式、韩都衣舍的"阿米巴经营"模式、美的集团的"三级事业部"模式、芬尼克兹的"内部裂变创业"模式、海底捞的"HR部门子公司化"模式

综上所述，我把裂变创业合伙模式概括为4种类型，如图1-30所示。

图1-30　裂变创业合伙模式的4种类型

一、内部承包模式

1978年11月，安徽小岗村18位农民签下一份"契约"(见图1-31)，将村内土地分开承包，实行"分田到户，自负盈亏"，开创了家庭联产承包责任制的先河。

家庭联产承包责任制是一种以农户家庭为单位，向集体组织承包土地等生产资料和生产任务的农业生产责任制形式，特别是实行"交够国家的，留足集体的，剩下是自己的"收益分配方式，大大调动了农民的生产积极性。

家庭联产承包责任制是内部承包模式的一种类型。

内部承包模式，是指企业与内部员工订立承包合同，将企业某些业务或服务在一定期限内交给承包者，约定承包费用结算方式，由承包者独立核算，自负盈亏的合伙模式。

内部承包模式要落地，有两个前提：一是委托方或企业持续经营，保证有业务及服务交付给内部承包方；二是内部承包方认为承包获得的收益远大于他们的工薪所得。

内部承包模式适用于那些重复性工作、非关键业务或服务，操作中会涉及承包者的费用结算方式、办公场所、水电、工资、社保等复杂问题。

内部承包模式结束后，员工有两种选择：一是继续合作，未来磨合好后，可持有实股；二是以员工身份回公司工作。第一种情形是老板最希望看到的；第二种情形是为打消员工顾虑而设计的所谓"退路"。

图1-31　安徽小岗村家庭联产承包责任制的"契约"及留念照片

案例1-16　某装饰公司与设计师的内部承包协议

甲方：杭州××装饰有限公司

乙方：内部××设计组(张三)

甲乙双方本着友好合作、共同发展的宗旨，就甲方把装饰设计部分业务承包给乙方之事项，达成如下协议。

一、承包前提

1. 乙方承接甲方的装饰设计项目，甲方对乙方以甲方名义在外承接装饰设计业务进行监督管理。

2. 乙方及团队共5人，双方约定【张三】为承包人。承包期满前【15】日内，根据甲乙双方意愿可就继续承包事宜另行订立承包合同，或乙方有权选择是否以员工身份回甲方工作。

3. 承包期为【叁】年，自2022年6月1日至2025年3月31日。

4. 甲方自本协议签订后第【贰】月起，停止乙方及乙方团队的工资及年终奖发放；乙方在承包期第【壹】年，如遇承包收入低于工资收入时，甲方负责兜底。

5. 甲方免费为乙方提供【5】人的办公场所(甲方1号会议室)，水电在承包期内也一并免费。

6. 甲方代乙方及乙方团队缴纳社保费用，双方约定在每年2月15日前，由甲方从设计费用中扣除。

二、甲方相关事项

1. 为乙方提供设计平台，为其设计团队的搭建和成长提供条件和空间。

2. 对乙方在外承接的装饰设计方案及相关合同等进行监督和备案。

3. 指导与协助乙方，完善项目所在地的申报手续，督促工程设计费用的收取和结算，按照相关管理部门要求，整理设计招投标资料等工作。

4. 甲方按照装饰设计项目实收设计费用，按比例收取设计管理费。

三、乙方相关事项

1. 对外维护公司利益和树立良好形象，促进公司在全国范围的发展和壮大。

2. 负责所承担的设计工作，做好项目实施的跟踪配套服务工作。

3. 负责与工程建设单位的协调事务，具体权限以甲方与建设单位所签订合同约定为准。

4. 负责设计费款项的追收，具体权限以甲方与建设单位所签订合同约定为准。

5. 设计工作应根据国家法律法规及相关规范要求实施。

6. 乙方承接甲方设计项目的后续责任由乙方承担，如出现违反规定、质量问题等，甲方将追究乙方相关责任。乙方若未能按照设计合同要求履行合同义务，甲方有权将该设计任务收回并自行设计完成。甲方仅按乙方所完成设计任务的

【50%】向乙方支付费用。

7. 乙方承接项目的资料，除按业主要求存档外，还需要提供全套的电子、纸质文件给甲方公司存档。

8. 乙方自主决定设计部门所需人员的聘用、解聘、管理、待遇。

9. 乙方不得自行与建设单位签订设计合同，所有设计合同必须经甲方审定后方能以甲方名义签订。

10. 若因建设单位原因造成乙方权益受损，乙方若采取诉讼或仲裁途径主张权益，乙方必须委托甲方法律顾问进行诉讼或仲裁，并由乙方承担律师费用。

11. 若设计合同约定设计成果的知识产权等权益归设计人所有的，该知识产权归甲方所有，乙方享有署名权。未经甲方同意，乙方不得将该设计成果作其他商业用途使用。

四、收益分配和费用支付

1. 乙方以甲方名义承接的设计项目，甲方按设计费金额【22%】收取费用，包括税金和管理费。

2. 甲方设计任务收费标准

(1) 工装：收取工程结算总价【6%】的设计费(不含报价费用)。

(2) 家装：收取工程结算总价【10%】的设计费(不含报价费用)。

3. 已设计、没签单的设计费标准

(1) 平面方案布置图：按每张【50】元收取(含手绘草图、立面草案)。

(2) 竣工图：按工程总造价的【3%】收取。

(3) 方案效果图外观：按每张【200~500】元收取。室内方案效果图：按每张【100~300】元收取(打图费用由甲方承担)。

五、甲方付款方式

1. 如果已设计、没签单，则乙方交设计图纸给甲方时，甲方即交付设计费(按没签单的标准收取设计费)。

2. 如果甲方签单，当甲方收到第一期工程款时，当天支付总设计费的【30%】给乙方，当甲方收到第二期工程款时，付清乙方余下的设计费。

六、其他事项

1. 在本协议履行中如发生争议，双方首先应本着平等互利的原则协商解决，若协商不成，任何一方可向甲方所在地人民法院起诉，通过诉讼途径解决。

2. 本协议一式二份，双方各执一份。本协议自甲乙双方盖章/签字之日起执行。

案例1-17 某环保公司如何通过内部承包解决原材料浪费及安装返工难题

某环保公司从客户处获得订单后，会把其中的加工、组装、上门安装工序交给公司内部的生产部及安装部实施，对这两个部门的管理人员实行固定工资+产量提成制，对工人则实行计件工资制。

不久，公司董事长王二发现了问题：一是生产环节的工人责任心不强，原材料浪费严重；二是在上门安装环节返工成为常态，客户投诉多。

基于此背景，王二打算把这两个后端部门合并，让生产部张三与安装部经理李四以内部承包方式经营，公司只保留采购平台。这两位核心员工是一线的管理者，他们有短时间内提高收入的强烈意愿，并且对内部承包充满信心。他们认为，环保业务订单稳定，符合国家政策导向，目前在未做管理改进的情况下业务毛利率至少有30%，且降本空间较大，有利可图。现在有机会创业，当然要好好把握机会。

对于公司来说，内部承包后，加工、组装、上门安装的质量有保障，进度可控，这样"后院"稳定，可以腾出时间承接利润空间更大的业务，集中精力做大环保前端耗材的集采平台，便于走轻资产的道路。

于是大家一拍即合，经多次协商达成以下承包内容。我把部分内容分享给大家。

甲方：××环保科技有限公司

乙方：张三、李四

甲方在保留采购、销售、研发部门前提下，把生产与安装部门承包给乙方经营，由乙方独立核算，自主经营，自负盈亏。为充分发挥双方资源优势，协同发展，本着公平公正的原则，经双方协商一致，明确双方权利和义务，特签订如下合作协议，以期共同信守。

一、合作宗旨

1. 乙方应无条件支持甲方的业务，确保订单顺利完成，并做好其他后勤保障工作，避免安装过程中不断增加材料、运输等费用。

2. 乙方应对工程项目的质量、安全负责。

3. 乙方应不断提高客户满意度。

二、合作内容

1. 合作期为【5】年，自 2018 年9月19日至 2023 年9月18日。

2. 乙方应于本协议签订后的【30】天内，在当地成立有限公司(注：此公司应是一般纳税人，方便以后签订补充协议，调整乙方签约主体)作为业务主体承接甲方提供的业务，且按每次项目标的金额给甲方开具税率为【13%】的增值税专票。

3. 甲方将工厂(7号厂房，面积：【883.35】平方米)承包给乙方作为生产经营场所，乙方按实际使用面积每年支付【16.78】万元租金。租金合同签订主体为甲方的控股公司——A公司。甲乙双方商定租金在承包期内不涨价，且A公司开具税率为【6%】的增值税专票。

合作期间的所有费用(厂房承包费、水电费、物业管理费等)按月结算，每月3日前结清上月相关费用。

4. 甲方收到业主方的付款后，按与乙方约定的结算方式支付。

5. 由乙方前期对接且非甲方主营业务或税率为【3%】及以下的项目，由乙方和乙方指定的甲方销售人员共同完成(由此产生的销售费用由乙方负责支付)，报价由乙方负责。其中，项目总价为【10】万元及以上的业务，甲方提取该项目利润的【10%】作为管理费用。

6. 甲方考虑到乙方前期生存问题，对于由乙方谈成的低端设备(等离子、活性炭、风管管道、漆房改造、耗材等)订单项目，甲方先按订单金额提取【5.5%】的成本费用，再提取该项目利润的【10%】作为甲方管理费用，该项目【90%】剩余利润归乙方所得。

7. 对于由乙方公司谈成的其他业务(流化床、流水线)，甲方向乙方支付订单金额5.5%的商务费用。对于该笔订单的生产、安装、售后业务，在保障工期、质量的前提下，甲方优先交由乙方公司完成。甲乙双方所有收入按照国家法律法规要求各自承担相应税费。

8. 甲方与乙方业务往来的定价规则，如表1-37所示。

表1-37 业务往来的定价规则

序 号	类 别	定价原则	备 注
1	正常利润项目(毛利率15%以上，含15%)	项目实际收入减去实际成本后，甲乙双方按照4：6分成	因为产能及人员固定不变，所以让乙方多做毛利率高的业务
2	低利润项目(毛利率15%以下)	项目实际收入减去实际成本后，甲乙双方按照6：4分成	双方让利以承接更多项目
3	产品研发、内部展会	按实际产生费用，甲乙双方按照7：3结算	——

9. 乙方合计人员总数为【36】人，乙方独立成立公司后第二月起甲方解除与上述员工的劳动合同。

在乙方独立公司成立前，乙方36人在甲方公司一个月的工资合计是45万元。乙方独立公司成立后第一个月，这36人的工资由甲方承担，甲方同意将工资标准上浮20%，即按54万元的标准支付。在乙方独立公司成立后第二个月和第三个月，甲方借给乙方108万元，用于支付这36个人这两个月的工资，如果乙方在这三个月内能承接甲方三笔业务，或者乙方这三个月的承包收入达到108万元，则乙方要将108万元还给甲方。从第4个月开始，乙方独立支付乙方公司人员工资。

10. 合作期满后，根据甲乙双方意愿可就继续合作事宜另行订立合作协议。

三、双方承诺

1. 在乙方保障工期、质量的前提下，甲方优先将工程项目交由乙方完成。

2. 禁止乙方以任何直接或间接方式承接成套工程项目业务，所有成套工程业务一律以甲方名义承接。在乙方有多余产能及富余人员情况下，甲方原则同意乙方可以独立对外承接工程安装及售后服务业务。

3. 乙方在安装、售后服务过程中，若得知客户需求信息，应第一时间报告给甲方，由甲方销售部门负责跟进。

四、经营费用及经营责任

1. 合作期间，乙方向甲方承租的厂房所发生的一切经营费用，包括水电费、电话费、环境卫生费、治安费及其他工商税务等政府部门收费，以及其他各种社会摊派费用，均由乙方承担。

2. 乙方应诚信、守法经营，在经营期间所发生的一切债权、债务等法律和经济责任均由乙方负责，与甲方无关。

五、协议解除和协议终止

1. 未经甲方书面同意，乙方不得提前终止本协议。如乙方确需提前解约，须提前【贰】个月书面通知甲方，经甲方同意且履行完以下手续，方可提前解约：

(1) 向甲方交回厂房；

(2) 交清合作期的合作费及其他因本协议所产生的费用。

2. 本协议提前终止或有效期满，双方未达成续租协议的，乙方应于终止之日或合作期满前搬迁，并将厂房返还甲方。乙方安装在甲方厂房的一切水、电、消防固定设施以及一切固定装修无偿归甲方所有，乙方不得拆除，甲方不作任何补偿。

3. 合作期满，乙方计划继续合作的，应于合作期满前【叁】个月向甲方提出书面请求，经甲方同意后重新签订合作协议。

六、免责条款

1. 因自然灾害等不可抗力造成甲方厂房毁损及乙方损失的，双方互不承担责任。

2. 合作期间，因政府城市规划需要征用厂房的，不属于甲方违约，甲方不给乙方任何补偿。

3. 本协议是甲、乙双方在符合国家现行的有关政策和法律法规的基础上签订的。如在合作期限内与国家新的政策、法律法规相抵触，导致本协议不得不解除，双方互不追究违约责任。

二、内部跟投模式

内部跟投模式，是指内部裂变成立新项目或新公司时，内部管理人员及员工看好新项目或新公司的前景，根据各自的岗位、业绩及工龄等因素计算出份额，自愿出资购买并成为项目的"虚拟股东"或"有限合伙企业合伙人"，最终各方共担风险、共享利益的合伙模式。

我把内部跟投模式分为两种类型，如图1-32所示。

成熟业务

盈利项目或短时间内有稳定投资回报的项目

创新业务

失败概率较高，但未来可能有高额投资回报的项目，例如分拆上市

图1-32　内部跟投模式的两种类型

从老板角度思考，在第一种类型中，员工坐享其成，所以老板更倾向于实施第二种跟投类型。

老板要确保创新业务试点的成功，做到"初战必胜"。这样才能激昂士气，有利于推动其他业务单元的内部裂变。试点是否成功，一是与创新业务的经营者或团队有关；二是与项目或公司内部其他人员的贡献有关。也就是说，与"前方"和"后方"有关。如何解决"前方有肉吃，后方有汤喝"的问题呢？万科物流员工跟投计划、海康威视核心员工跟投创新业务方法、传化集团的新业务跟投机制、天能电池的新项目跟投机制等案例给我们很多启示。

案例1-18 万科物流的员工跟投计划让员工有"当家人"的意识

为促进万科物流发展有限公司(以下简称"万科物流"或"公司")合伙人利益与公司利益、股东利益紧密捆绑，建立合伙人与合伙人、合伙人与公司之间的背靠背信任，鼓励合伙人协同做强物流事业，共同推进物流业务上市，实现事业共创、风险共担、利益共享，万科物流推动实施了员工跟投计划。

员工跟投计划，是指员工通过珠海市万纬盈合投资合伙企业(有限合伙)(以下简称"万纬盈合")出资，间接持有万科物流0.4205%股权的激励计划，如图1-33所示。

序号	股东名称	持股比例	认缴出资额(万元)	认缴出资日期
1	vanke 万科企业股份有限公司 大股东 深A｜000002.SZ 港股｜02202.HK	81.6226%	共计: 2697600 认缴详情 >	最新: 2022-12-31 认缴详情 >
2	R Reco Meranti Private Limited 新加坡	6.5298%	215808	2021-12-31
3	D Dahlia Investments Pte. Ltd. 新加坡	6.5298%	215808	2021-12-31
4	T Top Yulan Investment I Ltd 英属维尔京群岛	3.2649%	107904	2021-12-31
5	曦之万纬 南京曦之万纬创业投资合伙企业(有限合伙) 私募基金 >	1.6325%	53952	2021-12-31
6	万纬盈合 珠海市万纬盈合投资合伙企业(有限合伙)	0.4205%	13895.8697	2022-10-15

图1-33 万科物流员工跟投占比

员工跟投计划由管理委员会负责日常管理，委员会由财务、人事及法务等专业职能部门组成，具体内容如表1-38所示。

表1-38　万科物流员工跟投的内容

1	面向对象	万科集团及万科物流员工
2	募集规模	上限39.67亿元
3	认购限额	1. 物流业务合伙人跟投限额 (1) 经营高管团队成员强制认购上下限【200万元~2000万元】 (2) 战区负责人、本部中心负责人强制认购上下限【100万元~1000万元】 (3) 本部中心合伙人、战区招商负责人、战区投资负责人、园区负责人、其他指定人员强制认购上下限【20万元~300万元】 (4) 其他合伙人自愿跟投认购上下限【5万元~200万元】 2. 万科集团自愿跟投限额 集团员工自愿跟投认购上下限【20万元~200万元】
4	跟投方式	跟投人认购有限合伙企业份额后，由有限合伙企业认购万纬盈合持有的万科物流的股权/财产份额
5	认购时间	2022年9月23日—10月10日
6	跟投价格	跟投定价标准为如下之一： (1) 不低于万科在该业务的已投成本及对应融资成本之和 (2) 不低于独立第三方评估机构出具的公允价格 (3) 不低于每股净资产
7	付款时间	2022年10月12日之前，跟投人员要按时支付款项。 (1) 逾期60天内付款需承担利息(注：利息按万纬物流2022年8月末并表项目银行融资成本4.01%计算)，逾期付款的利息将在跟投人员付款的金额中直接扣减，以扣减后金额作为原始跟投金额 (2) 逾期超过60天，则取消跟投和付款
8	跟投退出与分配	(1) 员工跟投部分通过万纬盈合的LP出资，不进行保底和退出承诺，上市可交易前跟投人员 (包括离职员工) 出资不能退出 (2) 强制跟投人员在职期间，跟投股份不能在内部转让 (3) 上市可交易后，在符合法律、政策规定的前提下，员工可自愿选择退出，由有限合伙企业统一出售，在扣除跟投资金维系期间所有税金、费用后，剩余资金按相应份额付给相应员工

万科物流属于重资产及新业务板块，未来预期成长性高，投资回报周期较长。万科物流的员工跟投模式以长期激励为主，短期分红为辅。从这个意义上说，这种模式更强调员工与企业的深度绑定。

案例1-19 海康威视核心员工跟投创新业务管理办法

为了控制创新业务风险，实现员工与创新业务的利益捆绑，杭州海康威视数字技术股份有限公司(以下简称"海康威视"，证券代码：002415)在创新业务子公司实施项目跟投，推动核心员工从职业经理人向创业合伙人转变，以支持公司长期可持续发展。

海康威视自实施创新业务跟投以来，公司主业团队与创新业务团队之间、公司传统业务与创新业务之间协同发展，相互补充，形成合力，为海康威视成长提供了新的空间。

截至2022年年底，海康威视先后成立8个创新业务公司(萤石网络、海康机器人、海康微影、海康汽车电子、海康存储、海康消防、海康睿影、海康慧影)，核心员工通过有限合伙企业嵌套资产管理计划的模式间接持有各创新业务公司的股权(如图1-34所示)。这种架构降低了后面员工退出时的税务成本，可见顶层设计之巧妙！

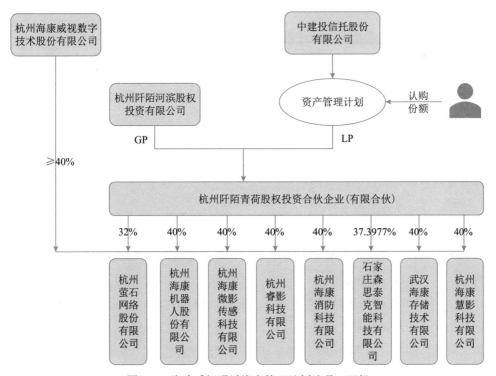

图1-34 海康威视通过资产管理计划让员工跟投

其中，创业业务公司——杭州萤石网络股份有限公司(证券代码：688475)已于2022年12月登陆A股科创板。

2022年年底，海康威视营业收入831.7亿元，其中新业务整体收入150.7亿元，同比增长22.81%，占海康威视营收比重为18.1%。

海康威视员工跟投创新业务管理办法如下。

1. 总则

(1) 创新业务是指投资周期较长，业务发展前景不明朗，具有较高风险和不确定性，但需要进行直接或间接的投资探索，以便公司适时进入新领域的业务，实现公司持续发展需要。目前公司已经投资但持续亏损，需要进一步投入的业务，可以作为创新业务。

目前与公司所在行业没有明显关联但未来可能存在关联性的业务，可以作为创新业务，公司可以进行探索性的投资，以便加强对该业务的关注和研究。海康威视及其子公司现有的、已较为成熟的、拥有较高市场份额和竞争优势的业务，不纳入创新业务范围。

(2) 创新业务子公司独立经营、独立核算、自负盈亏。创新业务子公司与公司及其下属其他子公司的业务往来严格遵循关联交易相关规定。

(3) 创新业务子公司与公司及其关联公司之间的交易事先由独立第三方对定价或其他重大方面进行审核，出具定价分析报告或其他必要的分析意见，确保关联交易不会损害公司利益。

(4) 公司每年委托独立第三方对关联交易的真实性、公允性进行审计。

(5) 本办法适用于公司及其下属子公司、公司及其下属子公司员工、公司及其下属子公司员工投资的跟投平台。

2. 跟投方案基本内容

(1) 创新业务子公司股权分配。

对于公司投资设立的创新业务子公司，公司持有60%股权，保持控股地位，员工跟投平台跟投40%股权。

(2) 跟投计划根据适用对象不同分为A计划和B计划。

A计划，系由公司及全资子公司、创新业务子公司的中高层管理人员和骨干员工组成，强制跟投各类创新业务，确保海康威视核心员工与公司创新业务牢牢绑定，形成共创、共担的业务平台。

B 计划，系由创新业务子公司核心员工组成，参与跟投某一特定创新业务，旨在进一步激发创新业务子公司员工的创造性和拼搏精神，建立符合高新技术企业行业惯例的高风险和高回报的人才吸引、人才管理模式。

(3) 跟投方案根据跟投员工是否实际履行出资义务分为出资跟投和非出资跟投。

出资跟投是指经公司认可的核心员工，基于自愿、风险自担的原则，通过跟投平台投资创新业务子公司并拥有相应的股权份额。

非出资跟投是指经公司认可的核心员工，在未缴纳出资的情况下，平台指定主体将跟投平台的股权增值权授予员工。股权增值权主要授予 M2、P2 层级及以上层级的核心员工，股权增值权的跟投方案可以覆盖到更多员工，均衡公司的价值分配体系。

非出资跟投获得的股权增值权在符合公司相应规则的情况下，可以转为出资跟投，即从平台指定主体受让相应的股权，受让价以平台指定主体垫付的出资金额为基础，由员工支付合理的资金利息、税费等成本，具体参照实施细则规定予以操作。

(4) 原则上跟投平台每年按一定的比例进行增资，增资部分的股权根据特定规则重新分配给所有核心员工，因此跟投平台的员工持股比例将每年调整。跟投平台会逐步成为员工持有创新业务子公司股权和股权增值权的动态管理工具。

(5) 不论是持有跟投平台的股权还是增值权，参加跟投的员工原则上应在公司和/或子公司工作不少于 5 年(自员工参加跟投之日起算)。

(6) 所有符合跟投条件的员工，均应认真、审慎地考虑，自愿跟投，出资跟投的员工以认缴出资额为限承担投资风险。公司对创新业务子公司的未来发展和盈利能力不做任何保证或担保。

3. 核心员工的确定(同时符合)

(1) 必须是全职员工。

(2) 核心员工原则上只包括公司高级管理人员、对公司整体业绩和持续发展有直接影响的管理人员、核心技术人员和骨干员工。

本办法实施过程中，持股员工如果出现实施细则规定的不得参加跟投的情形，公司将按本办法规定的方式收回其持有的股权或撤销其股权增值权。

4.跟投出资方式

(1) 一般情况下，参加跟投的员工出资方式为现金出资。员工保证资金来源真实、合法。

(2) 员工应根据执委会的统一安排，依法、按时、足额缴纳出资。如员工逾期未出资或未足额出资的，视为放弃跟投，执委会有权调整其股权数额或取消其跟投资格。

(3) 在股权增值权符合转为股权的情况下，基于员工自愿、风险自担的原则，由员工出资受让相应股权，具体参照实施细则予以执行。

5.跟投退出机制

(1) 不论是以直接方式还是以间接方式持有的股权，创新业务子公司跟投平台的股权或增值权原则上只能由公司或子公司员工持有。不论何种原因(符合本办法规定的退休及执委会同意的情况除外)，一旦员工与公司或子公司解除或终止劳动关系，该员工所持有的跟投平台股权或增值权即按照事先约定的条件转让给平台指定的主体。

(2) 跟投平台的股权或增值权只能转让给平台指定主体，跟投平台其他股东或合伙人无条件放弃创新业务子公司跟投平台股权及其增值权的优先购买权。

(3) 员工之间不得买卖、赠送或以其他方式转移跟投平台股权或增值权。

(4) 股权增值权在正常变现(授予满 5 年)时与股权按照同等条件作价，但增值权变现时需扣除应缴出资金额、合理的资金成本及税费等，具体按照实施细则规定操作。

(5) 员工通过跟投平台持有创新业务子公司股权或股权增值权，员工与公司或子公司解除或终止劳动关系的，按照以下原则处理。

① 因员工非工伤死亡或丧失劳动能力、员工辞职、劳动合同期满、公司不续签劳动合同、公司主动辞退等非员工过错原因解除或终止劳动关系的，其持有的跟投平台股权的期限未满 5 周年的，其股权转让价按每股出资额或最近一期经审计的创新业务子公司对应的每股净资产两者取小值；如持有期限已满 5 周年(含届满当日)，其股权转让价按照公允价格计价转让。

② 员工通过跟投平台持有创新业务子公司股权增值权，员工与公司解除或终止劳动关系，其持有跟投平台的股权增值权未满 5 周年的，视为员工自动放弃增值权，公司不做任何补偿。

③ 因违法、违纪等员工过错原因解除或终止劳动关系的，公司有权单方撤销授予的股权增值权，不做补偿；其持有的股权转让价按创新业务子公司最近一期经审计的每股净资产和每股出资额取小值核算。如员工对公司或子公司负有赔偿或其他给付责任的，公司可从股权转让价款中优先受偿。

④ 员工工伤死亡或丧失劳动能力的，可以选择继承或保留股权或增值权。如果不继承或不保留的，按照公允价格转让给平台指定主体。

⑤ 因员工符合法定退休年龄，其持有跟投平台股权或增值权满三年(含届满当日)，且没有再工作的，可以保留跟投平台股权或增值权。如果员工选择不保留的，按照公允价格转让给平台指定主体。

⑥ 其他经执委会书面决定同意离职员工保留跟投平台股权或股权增值权的情况，按实施细则相关规定办理。

⑦ 员工与公司或子公司解除或终止劳动关系时，对公司或子公司负有竞业限制义务或其他保密义务的，执委会有权决定推迟股权或增值权变现，直至员工履行完相应义务，具体按实施细则相关规定办理。

(6) 股权或增值权转让过程产生的税费，由员工自行承担，公司按照法律规定履行代扣代缴义务。

6. 整体回购

(1) 对于员工直接持有或间接持有的创新业务子公司股权或增值权，公司可以进行整体回购，整体回购可一次性完成，也可以分次分批完成。

(2) 整体回购时，股权转让价按照公允价格确定。

(3) 如国家法律法规对整体回购事项有明确规定，以规定为准。

7. 股权转让

跟投平台可以对外转让其持有的创新业务子公司股权，公司在同等条件下享有优先购买权。

8. 独立上市

如创新业务子公司发展壮大，并符合独立上市的条件，优先考虑支持其上市。

9. 其他事项

(1) 为维护公司和员工的利益，双方将签署相关协议，约定各方的权利义务。

(2) 各方如有意见分歧，首先应当通过友好协商解决，协商不成的，提交公司所在地法院诉讼解决。涉及劳动纠纷的，按照国家相关法律法规处理。

(3) 如果本办法的条款与相关法律、法规、协议或证交所的要求不一致，或相关法律、法规、协议或证交所的要求有所修改，则应以相关法律、法规、协议或证交所的要求为准。

(4) 创新业务子公司在制定公司章程、合伙协议及相关实施办法、细则时，不得与本办法确定的原则相违背，如有冲突，以本办法为准。

内部跟投后，如果子公司经营不错，如何激励其经营团队？如何让总部管理人员或核心人才有机会跟投？项目跟投是不错的选择。随之而来，老板要思考，采取什么持股形式？项目跟投中是否区分强制跟投与自愿跟投？

我分享一个上市公司对其全资子公司进行跟投的总体方案。这个公司经股东大会批准，在随后的4年时间里，对其手机游戏业务及物联网业务进行了项目跟投。

值得一提的是，对于方案当中的部分条款，我们在制订内部跟投计划时可以借鉴，向大公司或上市公司学习，写自己的落地文件。

案例1-20　某上市公司项目跟投的合伙人计划

第一条　合伙人计划制订的背景、目的

北京××股份公司(下称"公司")成立至今经历多次业务转型，目前已形成以移动互联网相关业务为核心的业务发展方向。

为此，公司根据《公司法》《证券法》等有关法律、法规及《公司章程》制定了《××股份公司合伙人计划》(以下简称"本计划")，旨在健全公司激励约束机制，调动核心人员的积极性，将公司利益、公司股东利益和员工个人利益有机结合，践行"共同创造，共同担当，共同分享"的发展理念。

第二条　合伙人计划的释义

"合伙人计划"是指符合一定资格的核心管理人员、核心技术人员、核心业务人员(下称"核心人才")，作为合伙人与公司共同投资设立新公司、增资或受让已有子公司股权(下称"项目子公司")，在未来项目子公司达到一定盈利水平后，合伙人所持的项目子公司股权按照市场化原则实现退出。

第三条　实施本合伙人计划的项目子公司范围

为切实通过合伙人计划激励相关人员，并保证计划的可执行性，实施本计划的项目子公司的业务应处于转型期或者新领域，在具有一定风险和不确定性的同时也具有较强的业绩增长预期，通过合伙人计划的制度性安排有助于大力发展其业务。

(点评：实操中，首次实施合伙人计划，特别是项目跟投，关键在于选择那些未来可能盈利的项目，让首次出资人赚到钱，这样以后期次的激励计划就能顺利启动)

第四条　合伙人计划的决策机构

公司股东大会作为公司的最高权力机构，负责本计划的批准和变更；公司股东大会授权董事会负责本计划的具体实施。

第五条　合伙人计划的执行机构

为确保计划管理到位与有序实施，公司设立合伙人计划管理小组，由董事长担任组长，相关高级管理人员与职能部门负责人作为小组成员。

其主要职能包括以下几个：

(1) 确定相应项目子公司中纳入合伙人计划的股权比例；

(2) 确定合伙人名单及相应的分配额度；

(3) 确定拟作为合伙人计划实施平台的项目子公司名单及其业绩考核目标；

(4) 制订计划的实施细则，包括但不限于相关项目子公司股权的认购及合伙人退出等方案的设计及执行。

(点评：董事长挂帅，是合伙计划实施的组织保障。实操中，按照合伙激励的6步法来确定机构职能。这里缺少"类型"及"估值"的内容)

第六条　本计划的参与人员范围

(1) 对项目子公司发展具有较大支持作用的公司核心人才；

(2) 项目子公司的核心人才；

(3) 公司认为有必要纳入计划及未来拟引进的重要人才。

第七条　合伙人对项目子公司的跟投

为保证合伙人能够切实分享项目子公司业务增长带来的收益，合伙人有权根据合伙人计划执行机构的方案对项目子公司行使跟投权利，跟投合伙人分为强制跟投合伙人和非强制跟投合伙人。

强制跟投合伙人由公司中高层管理人员组成，强制出资跟投各项目子公司，确保公司核心管理人员与公司业务深度绑定、成果共享、责任共担。

非强制跟投合伙人由项目子公司核心员工组成，参与跟投所属特定业务，激发项目子公司员工的拼搏精神和创造力，建立高风险、高回报的管理模式。

(点评：对于这一点我有不同看法。这里的强制跟投合伙人与非强制跟投合伙人的对应内容应对调一下。项目子公司的核心人员，最好能成为强制跟投合伙人，而非自愿跟投，毕竟他们才是决定子公司经营水平的关键人才)

第八条　合伙人跟投的具体方式

为便于对合伙人所持项目子公司股权进行管理，合伙人设立有限合伙企业作为持股平台(下文称"合伙企业"或"持股平台")对项目子公司进行投资。

该合伙企业成立后，即可通过与公司共同出资设立新公司或以公允价格增资或受让已存续子公司股权等方式间接持有项目子公司股权，涉及关联交易的事项，按照相关法律法规及公司制度的规定办理。

(点评：持股平台一般为有限合伙企业。持股平台要想成为项目子公司的股东，有两种方式：一是增资；二是股权转让，但后者会涉税)

第九条　禁止同业竞争

参与本计划的公司员工及项目子公司员工不得在公司外部以任何方式从事与公司和/或项目子公司业务存在直接或间接竞争关系的业务，否则公司有权终止其参与资格。

(点评：禁止同业竞争的对象主要为项目子公司的核心人才，而总部的职能管理人员不参与经营，可以不签订禁止同业竞争协议)

第十条　合伙人持股比例

合伙人所设立的有限合伙企业作为持股平台在各项目子公司中所持有的股权比例需要根据各项目子公司实际情况分别确定。

合伙人通过持股平台合计持有的项目子公司的股权比例原则上不超过35%，其中，非强制跟投合伙人的持股平台合计持有项目子公司的股权比例原则上不超过30%，强制跟投合伙人的持股平台合计持有项目子公司的股权比例原则上不超过5%。

第十一条 出资义务

强制跟投合伙人需一次性缴纳对应出资，确定参与的合伙人应缴付其在持股平台的对应出资。若公司与项目子公司确定的业绩考核目标达成，非强制跟投合伙人的持股平台有权按本合伙人计划执行机构的方案规定，分次分期缴付对应出资额，确定参与的合伙人缴付其在持股平台的对应出资。

项目子公司的公司章程应约定持股平台未实缴对应出资前就未实缴部分不享有分红权，亦不得进行转让，但公司同意的情形除外。

(点评：非强制跟投合伙人采取期权模式，即授予时不出资，等条件成熟时行权。但期权与期股不同，前者缺乏共担精神。其实总部人员应采取期权模式，而项目子公司核心人才应采取实股模式，即出资并在工商部门登记，也可以考虑资金股与人力股的导入)

第十二条 不提供融资支持

各合伙人需要以自有资金向持股平台合伙企业缴款。公司不为其参与本计划提供任何形式的融资支持。

第十三条 合伙企业的期限

合伙企业经营期限一般为 3～6 年。根据项目子公司实际运营情况，可延长或缩短经营期限。

第十四条 项目子公司及持股平台的分红

项目子公司实现盈利后，经其股东会审批，可向持股平台分配利润。

持股平台取得分红收益，在扣除各项运营成本后按届时全体合伙人的实缴出资比例分配给全体已缴付出资的合伙人。

第十五条 合伙人权益转让

任职期间，合伙人不得自行处置(包括转让、质押及设置任何第三方权利)其所持有的合伙份额；若合伙人退休、离职或者被辞退，其所持合伙企业权益必须全部转让。

上述权益处置限制，经普通合伙人同意的情形除外。合伙权益的受让人仅限于普通合伙人或其指定主体。

第十六条 整体回购

公司可视情况依据《公司章程》及相关规定，收购或指示其全资子公司收购持股平台持有的项目子公司的股权。收购可一次性完成也可以分步完成，收购价格按照市场公允价格商定。

第十七条　股权转让

经公司和持股平台共同决策，持股平台可以对外转让其持有的项目子公司股权，公司应当聘请专业评估机构对拟出售的项目子公司股权进行评估，并以不低于评估值的价格作价，公司在同等条件下享有优先购买权。

第十八条　独立上市

如项目子公司满足独立上市的条件，公司将优先考虑及支持其实施独立上市的计划，根据公司的《公司章程》及《子公司管理办法》的规定履行决策程序。

第十九条　相关税负及费用

本计划参与人员应根据法律、法规、规章和规范性文件的规定，对其因参与本合伙人计划或行使本计划项下的权利而取得的任何形式的收益，自行承担其需缴纳的个人所得税。

第二十条　合伙人具体的权利义务由合伙协议另行约定，但不得与本计划确定的基本原则和精神相违背。

第二十一条　本计划的制订及修订自公司股东大会审议通过后生效，并由公司董事会负责解释。

三、内部事业部模式

事业部，是指以某个产品、地区或顾客为依据，将相关的研发、采购、生产、销售等部门结合成一个相对独立单位的组织结构形式。

事业部是利润中心，在经营管理上有很强的自主性，实行自主经营、独立核算、自负盈亏。事业部的下级单位则是成本中心。事业部制又称M型组织结构，是分权化组织。

因事业部不涉及工商登记注册，故易操作，法律纠纷少。

内部事业部是虚拟的公司制，是虚拟合伙模式，可进可退，进可以择机转为子公司，退可以取消或关闭。

因此，内部裂变可以从内部事业部入手。我认为，采用内部事业部模式的目的主要有三个，如图1-35所示。

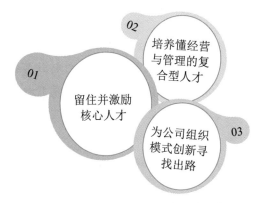

图1-35 采用内部事业部模式的目的

案例1-21 某猎头公司内部事业部裂变方案

某猎头公司成立于2016年9月，设有业务一部、业务二部、业务三部、网络及品牌推广部、财务部及人力资源部，员工共88名，平均年薪在行业处于中上游水平。老板张先生注重企业文化建设，很有人情味。

公司存在问题：一是员工以"85后"人员为主，人员流动性较大；二是业务总监关注提成比例，经常与下面业务骨干抢生意；三是总部的分摊费是动态提取的，每个业务部门不能准确核算盈亏，导致扯皮不断；四是最近有4个2年以上工龄的优秀业务经理因职业发展前景不乐观，选择离开。

我们在分析了企业存在的问题后，确定了合伙激励的方向，大家一致同意导入事业部制。经老板张先生同意，我把方案部分内容分享给大家，希望大家举一反三，触类旁通(注：因涉及客户的商业机密，我对以下方案的数据进行了相应的"脱敏"处理)。

一、激励对象入选条件(同时满足以下条件)

1. 文化认同

高度认同公司的企业文化，愿意为公司的发展竭尽全力，且与公司签订竞业禁止协议及保密协议。

2. 岗位

顾问主管级以上岗位，管辖【7】人以上团队。

3. 工龄

在公司工作【3】年以上，任业务主管以上职位不少于【1】年。

4. 业绩

所负责团队年回款【200】万元或年营业收入达到【300】万元，个人业绩不低于团队平均水平。

5. 人才培养

培养【壹】名高级顾问(界定业绩标准，比如年回款50万元以上)及【壹】名顾问(比如年回款30万元以上)。

二、事业部的保证金及财务核算

事业部为独立核算的阿米巴组织，是责任共担、利益共享的共同体，以公司为平台，由事业部总监负责本事业部的日常经营管理。

1. 保证金

(1) 为保证事业部总监所辖事业部经营管理工作顺利开展，由总监向公司交纳保证金【10】万元。此保证金用于补偿事业部可能出现的亏损(公司与总监的亏损承担比例为5：5，总监以保证金承担亏损的责任)或负责人过失给公司造成的损失。

(2) 事业部总监转为合伙人以后，需要认购股权的，其认缴的保证金可转为认购股金。

2. 事业部财务核算

事业部建立内部管理报表，进行独立核算，统一计算成本和费用，并编制月度、季度及年度事业部利润报表。

(1) 运营成本：每人每月1000元，含房租、装修费、物业费、水电费、电脑、办公用品、电话费用等，依据团队实际人数核算分摊成本。

(2) 人工费用：每人每月3000元，含后勤人员工资、人力资源费用、培训费用、招聘费用、意外险、财务费、体检费、福利费、公司团建费等，依据团队实际人数核算分摊成本。

(3) 其他成本：合伙人团队员工工资、社保、公积金、奖金、提成、团队奖励、差旅费、招待费等，据实核算。

例如，第一事业部8月份内部管理报表(阿米巴报表)如表1-39所示。

表1-39 第一事业部8月份内部管理报表(阿米巴报表)

	科　目	金额/元	占　比
收入	回款业绩	500 000	—
	回款扣税(3%)	15 000	3.00%
	团队裂变收入(月摊销)	—	0.00%
销售净额①		485 000	97.00%
变动费	提成(分档)	60 000	12.00%
	兼职费	—	0.00%
	团队奖励	4000	0.80%
	上年度年终奖(总部给予)	—	0.00%
	交通费(市内业务)	300	0.06%
	快递费	700	0.14%
	电话费	5000	1.00%
	差旅费(市外业务，含餐费)	—	0.00%
	业务招待费(招待客户)	—	0.00%
	合计	70 000	14.00%
边际利润②		415 000	83.00%
固定费	工资薪金	90 000	18.00%
	社保	5500	1.10%
	福利	—	0.00%
	公积金	7000	1.40%
	社保服务费	10 800	2.16%
固定费	团建费支出	—	0.00%
	体检费	—	0.00%
	人力资源平台服务费(含招聘、培训)	—	0.00%
	财务服务费	—	0.00%
	IT系统费	850	0.17%
	电脑摊销	—	0.00%
固定费	手机摊销	—	0.00%
	分摊成本(4500/人)	137 250	27.45%
	合计	251 400	50.28%
经营利润③		163 600	32.72%
净利润④		122 700	24.54%
投入人员		31	—

科　　目	金额/元	占　　比
人均创利(经营)	5364	—
人均创收(经营)	16 393	—
8月份盈亏平衡点收入	302 892	60.58%

三、事业部分红

1. 事业部分红的触动条件(同时满足以下条件)

(1) 事业部内部财务报表中的净利润为【正】。

(2) 事业部的净利润率超过【30%】。净利润等于事业部年度总回款减去事业部所有成本。

2. 分红比例

(1) 可分配利润为内部财务报表中净利润的一定比例，如净利润的【90%】为可分配利润，具体由公司执行董事决定。

(2) 按不同业务形态、区域、事业部成熟度核定相应的分红比例，以下为成熟业务形态的分红比例(详见表1-40)，具体比例由公司执行董事决定。

表1-40　事业部分红比例

可分配利润档次	事业部总监分红比例	公司分红比例
可分配利润≤50万元	25%	75%
50万元＜可分配利润≤100万元	30%	70%
100万元＜可分配利润≤150万元	35%	65%
150万元＜可分配利润≤200万元	40%	60%
200万元＜可分配利润	45%	55%

3. 分红核算

(1) 分红额度=可分配利润×分红比例。

只有补足过往年份事业部的亏损，才可以发放当年的分红，发放分红时需扣除每月固定发放的薪资。

(2) 分红的周期：以自然年度为周期(或以季度为周期)。

(3) 递延分红：分红分两次发放，第一次为次年春节前一周，发放分红总额的【60%】，第二次为次年7月10日，发放分红总额的【40%】。

(4) 税金：公司代扣代缴分红的个人所得税。

4. 分红终止条件

(1) 事业部总监或其培养的接班人中，有任一个离职的，其对应的事业部分红自行终止。

(2) 事业部因亏损而解散，分红自行终止。

四、事业部的终止

事业部的终止分为事业部解散及事业部升格为公司两种类型。

1. 事业部解散

(1) 符合以下条件之一的，启动解散清算程序，事业部终止运营：连续【2】年净利润率低于【30%】；连续【2】年事业部亏损。

(2) 清算程序结束后，做退出处理，【30】日内退还剩余保证金。

2. 事业部升格为公司

满足以下条件之一的，可以将事业部升格为公司。

(1) 事业部总监具备合伙人的条件并被晋升为合伙人。

(2) 业绩：回款超过【500】万元，且净利润达到【200】万元。

(3) 公司业务发展的需要。

从以上案例可知，内部事业部的总经理或负责人可以由技术人员担任，也可以由销售人员担任，在实操中还是后者数量多些。

销售总监成为事业部总经理后，企业要做好他们下属的激励计划，如销售经理、销售主管，否则下属成长不起来，可能造成核心人员离职。

另外，如果没有事业部总经理补偿机制，那么他就不愿意让下属成为与自己一样的"封疆大吏"。所以，实操中可让销售人员"结对子""拜师傅"，然后做好相关的"利益保障机制"，让事业部总经理主动放人，让能干的下属独立出去，成立新的事业部，如此生生不息！最终能有效避免"教会徒弟饿死师傅"的现象。

2019年5月，笔者为某木业公司设计了销售事业部裂变机制，并建立徒弟—师傅2级传承机制。我把销售事业部裂变协议的部分内容分享给大家。

案例1-22 某木业公司销售事业部裂变协议

为了进一步健全某木业公司的激励机制，本着共识、共创、共享、共担的精神，促进公司销售业务的裂变式发展和公司战略目标的实现，经甲乙双方协商一致，特制定本协议，以期共同信守。

甲方：××木业有限公司(以下简称甲方或总部)

联系地址：＿＿＿＿＿＿＿＿＿＿＿＿＿＿＿＿＿＿＿

乙方：＿＿＿＿＿＿＿＿＿＿＿＿＿＿＿＿＿＿＿＿＿

身份证号码：＿＿＿＿＿＿＿＿＿＿＿＿＿＿＿＿＿＿＿

联系地址：＿＿＿＿＿＿＿＿＿＿＿＿＿＿＿＿＿＿＿

第一条 销售事业部成立情形

1. 乙方任销售事业部总经理的情形——类型一

(1) 销售事业部投资总额：【500】万元；

(2) 甲方出资比例：【90%】，出资金额：【450】万元；

(3) 乙方出资比例：【10%】，出资金额：【50】万元。

2. 乙方的徒弟任销售事业部总经理的情形——类型二

(1) 甲乙及乙方徒弟三方共同出资设立；

(2) 甲方出资比例为【85%】，乙方出资比例为【5%】，乙方徒弟出资比例为【10%】。

销售事业部两种类型的出资方式如表1-41所示。

表1-41 销售事业部两种出资方式

项目	类型一：师傅本人			类型二：师傅带徒弟			
	总 部	本人出资	合 计	总 部	师傅对徒弟出资	徒弟本人出资	合 计
出资额	450万元	50万元	500万元	425万元	25万元	50万元	500万元
比例	90%	10%	100%	85%	5%	10%	100%

甲乙双方一致同意选择销售事业部【类型二】。

乙方承诺自本协议签订的次月起，自愿调整月底薪水平，即月工资由【2.0】万元调整为【1.2】万元。

第二条　分红规定

1. 分红比例

分别按年向总部、师傅、徒弟三方发放不同比例的分红，详见表1-42。

表1-42　总部、师傅、徒弟分红比例

分红人	第1年		第2年		第3年及以后	
	出资金额/万元	分红比例	出资金额/万元	分红比例	出资金额/万元	分红比例
总部	425	50%	425	45%	425	40%
师傅	50	20%	50	20%	50	20%
徒弟	25	30%	25	35%	25	40%
合计	500	100%	500	100%	500	100%

2. 分红触动条件

(1) 项目投资回报率大于等于【30%】，按表1-42规定的分红比例进行分红。

(2) 项目投资回报率小于【30%】，分红比例=项目投资回报达成率×表1-42分红比例。

3. 分红终止条件

(1) 师傅或徒弟中有任一人离职的，其对应的事业部分红自行终止。

(2) 销售事业部因亏损而解散，分红自行终止。

4. 分红核算

(1) 核算公式：分红额度=年营业额×净利润率×分红比例。

当年分红的前提条件是补足历年事业部亏损(注：虚拟的利润小于或等于0元)。净利润率依据总部实际经营状况确定。

(2) 分红的计算周期：农历年度。

(3) 递延分红：分红在3年内逐步递减，当年春节前分红比例为50%，第二年春节前分红比例为30%，第三年春节前分红比例为20%。

(4) 分红发放时间：每年的春节前。

(5) 税务问题：公司代扣代缴因分红所产生的个人所得税。

第三条　保密及竞业规定

(1) 乙方须保守甲方公司秘密并遵守相关竞业禁止的规定，详见《保密、知识产权保护和竞业禁止协议》。

(2) 乙方未经甲方许可，不得擅自将本协议的相关内容透露给其他人员。如有该现象发生，甲方有权取消乙方的分红资格。

第四条 退出

1. 正常退出

(1) 正常退出即办理了有效离职手续的退出，实行"人走分红终止"。已经核算的历年分红额度，对于离职时尚未分配的分红，实行递延分红。

(2) 离职后，若违反《保密、知识产权保护和竞业禁止协议》，即协议有效期内，本人或其亲属(包括配偶、子女、父母、兄弟姐妹等)开设相同或相近的业务公司，则尚未分配的分红清零。

(3) 离职手续完结后，【30】日内退回本金。

2. 非正常退出

以下情形的退出均属于非正常退出。

(1) 乙方在任职期间，发生受贿索贿、挪用盗窃等行为。

(2) 违反《保密、知识产权保护和竞业禁止协议》，即在工作存续期间，本人或其亲属(包括配偶、子女、父母、兄弟姐妹等)开设相同或相近的业务公司。

(3) 严重违反总部的规章制度，详见《员工手册》的规定。

非正常退出情形下，在乙方承担相应的赔偿或法定责任后，甲方【30】日内退还本金。

第五条 销售事业部解散

(1) 符合以下两种情形之一的，启动解散清算程序，事业部终止运营：连续三年未达到投资回报率【30%】；当年事业部亏损【30%】或连续【2】年事业部亏损。

(2) 清算程序结束后，作退出处理，【30】日内退还本金。

内部承包模式和内部事业部模式有共同之处，如自主经营、独立核算、自负盈亏，但也有区别。我想很多人分不清这两个概念，下面我试着分析一下它们的区别，如表1-43所示。

表1-43　内部承包模式及内部事业部模式的区别

区别点	内部承包模式	内部事业部模式
本质	为自己而工作	为公司而工作
运用场景	非主营业务(例如重复性、非关键性的工作)	主营业务
采取形式	个体工商户或公司制	非公司制
授权大小	较大	较小
管理成本	较低	较高(一般内设相关职能部门、模拟"公司"运营)
隶属关系	无(与公司不存在上下级关系)	有(本质还是公司的员工)
经营期限	有(到期后公司收回承包资质)	无
收费方式	按约定交一定的承包费	无(有些时候公司还倒贴)
人才培养	无	有(培养复合型、跨界人才)
公司演进方向	非相关公司(原承包人单干，原承包人占多数股份，可能原公司变成新公司的投资人，不参与新公司的日常经营与管理)	控股子公司

四、内部子公司裂变模式

内部子公司裂变模式，是指内部创业团队承接总部的非主营业务或选择新的业务板块，单独注册成立有限公司，且在总部控股并提供相关资源情况下进行内部创业的组织结构形式。

一般情况下，总部持有子公司51%以上的股权，创业团队的带头人或关键成员出资成为子公司自然人股东(注：实操中，也存在创业团队成立有限合伙企业而间接持有子公司股权的情形。另外，由自然人持股还是由有限合伙企业持股，取决于创业团队的博弈水平)，带头人为法定代表人。

总部职能部门(例如财务部门、人力资源部门)提供免费或收费的服务支持工作。如果总部的业务部门(例如采购部门、销售部门、生产部门等)为子公司提供服务，一般设定好内部结算价格，然后在两个法人公司之间进行关联交易。

实操中，为了鼓励内部裂变，总部一般给予创业团队一定的优惠政策。例如，无论子公司在创业第一年是否盈利，总部都对创业团队的收入进行兜底，即他们年薪中低于上一年度的差额由总部补齐。

案例1-23 芬尼克兹公司内部裂变创业，让核心员工当老板

2002年4月，宗毅创办广东芬尼克兹节能设备有限公司(以下简称"芬尼克兹")。2004年，该公司负责销售的高管突然离职并自立门户，生产跟芬尼克兹一样的产品。关键是此人还掌握了芬尼克兹80%的销售业务。

于是宗毅思考一个问题：公司里有的优秀员工有创业情结，给多少钱都不可能留住，怎么办？于是，内部子公司裂变创业模式就诞生了。

宗毅的内部裂变创业具体包括以下三个步骤。

一、裂变思路

1. 用钱选出总经理

如果芬尼克兹有新的项目，符合内部裂变创业的员工就可以向公司报名，芬尼克兹组织创业大赛。

各参选人自我组建团队并进行项目路演。在项目路演过程中，公司员工(主要是中高层管理者)投票，投票即投资，用人民币选出总经理。

选票一共三行字：

• 你选谁

• 投他多少钱

• 签上投票人的名字

具体的评选方法如下所述。

(1) 有投资资格的人才能投票，只能投一票；根据职位高低设定每个人的投资上限。

(2) 参选人写在选票上的金额如不兑现，则按其上一年收入的20%予以罚款。

(3) 参选人及参选团队要申明个人投资额，参选带头人投资比例要超过首期投资的10%以上；如果自己不投资，则不得参赛。

(4) 获得投资额最多的参选人获胜。

此大赛的鲜明特点是用钱选出总经理，它的好处有三个，如图1-36所示。

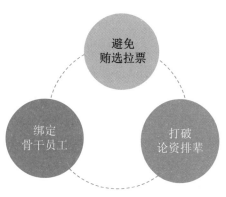

图1-36 用钱选总经理的三个好处

2. 对赌制

选出总经理后，就确定了来年的经营目标，包括营业额及利润。员工针对其中的营业额投钱进行对赌，员工1万元起投，设定的对赌规则如表1-44所示。

表1-44 事业部分红比例

业绩 (实际营业额/目标营业额)	赔付率 (投入与产出)
0.9以下	1：0
1.0	1：0.5
1.1	1：1
1.2	1：1.5
1.3	1：2
1.5	1：4
1.6	1：6
1.8	1：8
2.0	1：10
2.5	1：15

举例：公司年初营业额目标为1亿元，员工张三投了3万元，一个财年到期后，假设公司实际完成了8000万元，张三对赌失败，其投入的3万元就会被罚没，颗粒无收；假设公司完成1.1亿元，则张三可拿到3万元，不赚不亏；假设公司完成1.2亿元，则张三可拿到4.5万元，赚了1.5万元，以此类推。

此机制的好处在于，总经理与员工上下同欲，谁也不会跟钱过不去，员工由过去的"两耳不闻窗外事"到"事事关心总嫌少"。

二、股权架构

1. 股权设置

总公司创始人宗毅与张利共同出资，占50%股份，拥有对新公司控制权。总经理占10%股份，经营团队成员占15%股份，其他跟投员工占25%股份，新公司股权结构如表1-45所示。这样，所有人的利益就跟这家新公司的成败绑定在一起了。

2. 分红规定

当赔付率(本年度业绩/上一年度业绩)在1：1以上就可以分红。将税后利润分为20%、30%、50%三个部分，其中利润的20%用于管理团队的优先分红，作为管理团队的收益，将利润的30%作为企业的发展基金，将利润的50%按照股权结构进行分红。

表1-45 新公司股权结构

股 东	股 份 比 例
宗毅、张利	50%
总经理	10%
经营团队成员	15%
跟投员工	25%

于是，总经理分红=20%×(10%/25%)+50%×10%=13%。

因此，总经理占10%的股份，可以分到13%的利润。这是不是有点同股不同分红的意思？这里有个前提，即项目盈利。

三、总经理任期制

2014年1月1日，宗毅推出了《芬尼克兹基本法》，规定总经理任期为5年，最多连任两届，即任期不超过10年，离任后可参与芬尼克兹系统内其他关联公司管理职位的竞选。

芬尼克兹的股东组成弹劾委员会，如果裂变的子公司经营管理团队第一年完不成目标，则警告一次；如果连续两年完不成目标，可弹劾总经理。

四、实践经验

芬尼克兹裂变创业模式有哪些实践经验(教训)呢？我概括了以下5点。

(1) 在创业孵化期，内部裂变团队要掌握核心的知识产权、信息流、供应链等资源。为什么别人愿意跟着你创业，因为你的平台优势足够大。如果公司不能提供平台服务，内部裂变创业可能就变成独立创业了，并无优势可言。也正是因为芬尼克兹可以提供技术、专利，内部创业者可以免费使用这些资源，所以从新项目起步开始就比竞争对手有优势，这是创业成功的必要条件。

(2) 人不给力，一切清零。创业比赛选拔出的是"能说"的人，"善于包装自己"的人，但这种人不一定"能做"。

(3) 用人民币投票，钱多的人话语权就多吗？对于一个听话的普通人与一个不听话的精英，你会选谁？是投钱给与老板有关系的人，还是投钱给有能力的人？

(4) 裂变公司可能会成为员工离职前的孵化营。裂变公司稳步运营了，总经理有可能真去外部创业了，因为他在这儿干得再好，还是老板控股，他占10%股份，最多分20%红利。

(5) 总经理的任期到期后，如何让他们自愿交权？对总经理的补偿机制，即对价设计太重要了。

芬尼克兹公司选出的裂变创业项目一般不是主业，对大局影响不大。他们做的第一个产品是"换热器"，这是产业链上的产品之一，这样会大大减少创业失败的风险。

因此，芬尼克兹公司的裂变创业本质上属于非主营产品的裂变创业，通过成立子公司模式，独立核算，自主经营，自负盈亏。我们进一步思考，除产品或服务裂变外，能否将公司相关部门子公司化，进行裂变创业呢？

经过深入研究后，我发现海底捞国际控股有限公司(以下简称"海底捞"，证券代码：06862)堪称"内部子公司裂变模式的集大成者"，它是部门裂变的经典案例。例如，海底捞成功地对内部供应链管理部门、人力资源部门、信息技术部门进行拆分，单独设立子公司进行内部裂变创业。

案例1-24 **海底捞部门子公司化，成为内部裂变创业的集大成者**

海底捞创建于1994年，历经近30年的发展，已成长为国际知名的餐饮企业。截至2023年6月30日，中国大陆地区共有1360家餐厅。

海底捞发展到一定程度，不可避免地染上了"大企业病"，表现为人多，层级多，管理复杂，考核指标复杂。面对如此复杂的组织结构，想从内部改革是很难的，改革工作量会很大，耗时也会很长。因此拆分是最高效，也是最经济的方法。

而且，拆分以后，各部门自负盈亏，需要不断优化业务，这样更容易探索出独立的商业模式。这也给海底捞的各项业务提供了更大的发展空间。于是，内部裂变创业提上了日程。

1. 拆分供应链管理部门

2014年6月，蜀海(北京)供应链管理有限公司(以下简称"蜀海供应链")成立，该公司集销售、研发、采购、生产、仓储、运输、信息、金融于一体，为广大餐饮连锁企业及零售客户提供食材供应链整体解决方案。

截至2022年底，蜀海供应链旗下共有18家全资子公司，其股权架构(注：仅列出持股2%以上的股东信息)如图1-37所示。

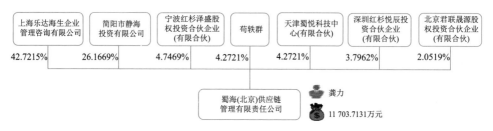

图1-37　蜀海供应链股权架构

从股权架构来看，蜀海供应链与海底捞无任何关系。但是，一般来说，内部子公司裂变模式的控股股东要么是母公司，要么是老板或老板控制的公司。

按此逻辑，蜀海供应链与创始人张勇及施永宏成立的公司一定有联系。我们来看一下大股东——上海乐达海生企业管理咨询有限公司的股权架构(见图1-38)。

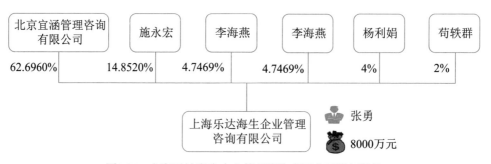

图1-38　上海乐达海生企业管理咨询有限公司股权架构

我们发现，上海乐达海生企业管理咨询有限公司的法定代表人为张勇，但张勇未直接持股，另外，施永宏持有14.852%的股权。我们再通过股权穿透，最终发现北京宜涵管理咨询有限公司系张勇与舒萍夫妇100%控制的企业。

原来蜀海供应链与海底捞没有股权关系，而与老板张勇成立的公司相关，是独立于上市公司海底捞而存在的体外公司。

一般来说，这种情况下，两个公司如果没有股权关系，那么可能存在业务关系，毕竟蜀海供应链未来有单独上市的计划，是一块"肥肉"。蜀海供应链既可以与海底捞发生同一实控人下的关联交易，增加营业收入，又可以向同行提供供应链服务。

果不其然，蜀海供应链与海底捞的业务关系如图1-39所示。

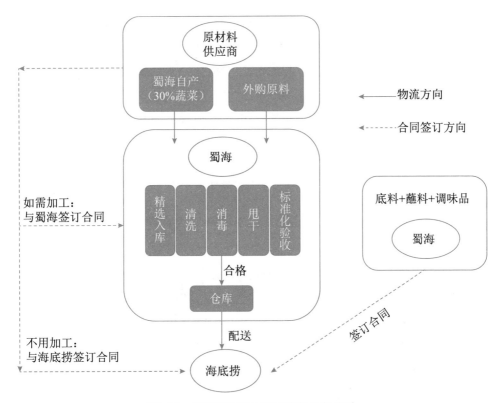

图1-39　蜀海供应链与海底捞的业务关系

蜀海供应链通过大规模采购降低原料成本，通过全国各地自建仓储设施提升货物周转效率，通过与大型第三方物流公司合作帮助客户降低运输成本。

被拆分后，蜀海供应链发展十分迅速，如今已拥有遍布全国的现代化冷链物流中心、食品加工中心、底料加工厂、蔬菜种植基地等。

2.拆分人力资源部门

餐饮行业属于劳动密集型行业，招人难，人员流动大，已成为餐饮行业最为敏感的问题。而人才的选育用留，都与人力资源部门相关。

海底捞人力资源部门人员众多，中间层级众多，包括专员、主管、人力资源经理、高级经理、片区经理、总部的总管经理，众多的层级不仅影响效率，也造成招聘成本居高不下。因此，海底捞改革勇于"刀刃向内"，分两个步骤向权力部门开刀。

第一步：把人力资源部门改成服务部门，将所有人员升迁审批的权力全部交回门店。人力资源部门的工作内容就是为企业提供"人力"方面的服务，门店需要培训时，人力资源部门就提供讲师、场地，做好服务；门店需要招聘员工时，人力资源部门就负责招聘，但业务部门要支付一定的费用。

第二步：把服务部门拆分，成立公司。2015年3月，北京微海管理咨询有限公司成立(当时的股权架构如图1-40所示，以下简称"微海咨询"，其中法定代表人邵志东为海底捞人力资源部部长)，微海咨询承担了海底捞原来人力资源部门的培训、招聘等工作。

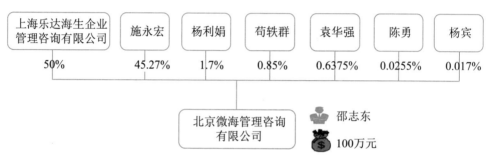

图1-40　北京微海管理咨询有限公司股权架构(2015年3月)

海底捞向微海咨询采购人力资源服务，人力成本逐渐下降。例如，原来招一个新人的成本是1400~1800元，现在降至500元左右。经过多轮股权转让，截至2023年6月，微海咨询股权架构如图1-41所示。

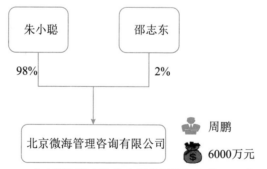

图1-41　北京微海管理咨询有限公司股权架构(2023年6月)

微海咨询的股东结构很简单，均为自然人直接持股，显然不是上市公司的架构。但奇怪的是微海咨询居然与张勇及施永宏都没有关系，内部裂变创业演变为核心员工单干了，个中原因让人浮想联翩。

我猜测，可能是因为海底捞人事外包金额较大，如果终结与微海咨询的关联交易，就能规避频繁的信息披露；另外，股东朱小聪是否存在股权代持的可能性？

但在2020年1月，张勇及施永宏、朱小聪及邵志东共同发起成立了北京悦微管理咨询有限公司(以下简称"悦微咨询"，股权架构如图1-42所示)，都是"微"字辈的企业。

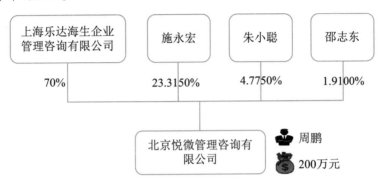

图1-42 北京悦微管理咨询有限公司股权架构(2023年6月)

请大家思考一下，为何还要成立悦微咨询？未来海底捞是打算做大微海咨询还是悦微咨询？这两家企业的业务会冲突吗？哪家先会有上市计划？

第四节
连锁门店合伙模式

有一个行业将合伙模式用到极致，这个行业就是连锁行业，例如餐饮、水果销售、美容美发、房产中介等。连锁企业如果不能有效地解决人员激励问题，企业可能出现"连而不锁，锁而不强"的尴尬局面。

人员激励，既可做虚，也可做实。

从商业模式上看，连锁企业的扩张一般以门店或分公司为主流模式。门店的经营以个体工商户为主，员工虽然投了钱，但只能"隐姓埋名"(并不在工商部门登记)，故门店合伙本质上还是虚拟激励。而分公司没有独立的法人资格，想做实股激励更无从谈起，故只能做虚拟激励。

对人员进行激励要统筹兼顾短期与长期。虚拟激励是短期激励模式，让优秀员工很难获得安全感及归属感，而在分公司基础上搭建子公司架构或在总部公司搭建有限合伙企业架构，就成为实股激励，是长期激励模式。

但实操中我们需要思考一个问题，即能否将分公司直接转为子公司，或能否将子公司直接转为分公司？

鉴于连锁行业的特殊性，我单独用一节的篇幅来介绍这个行业的可借鉴的合伙模式。我把连锁门店合伙模式分为三种类型，如图1-43所示。

| 01 | 02 | 03 |
| 直营合伙模式 | 加盟合伙模式 | 托管合伙模式 |

图1-43　连锁门店合伙模式的三种类型

一、直营合伙模式

直营合伙模式，是指企业生产的产品或提供的服务不经过中间销售商而直接进入终端市场的营销方式。直营合伙模式减少了中间代理商的流通和销售环节，即"没有中间商赚差价"。从合伙的角度来说，直营以内部员工合伙为主。

直营合伙模式的利弊如图1-44所示。

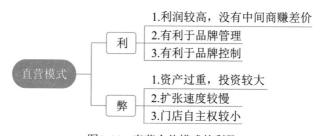

直营模式
- 利
  1. 利润较高，没有中间商赚差价
  2. 有利于品牌管理
  3. 有利于品牌控制
- 弊
  1. 资产过重，投资较大
  2. 扩张速度较慢
  3. 门店自主权较小

图1-44　直营合伙模式的利弊

一般来说，直营合伙模式经过一段时间后会演变为加盟合伙模式或托管合伙模式。

不过，有一家餐饮连锁企业——安徽小菜园餐饮管理有限责任公司(以下简称"小菜园")，十几年来一直采用直营合伙模式，很值得我们学习。

小菜园的直营合伙没有采取大部分连锁企业的个体工商户模式，而是导入了分公司模式。分公司的最大好处在于报表合并，而个体工商户无法实现这点，这也是连锁企业谋求上市时基本采取分公司模式的根本原因。

案例1-25 小菜园的489家直营合伙门店，让其成为行业排名第3

截至2023年6月，小菜园已在北京、上海、安徽、江苏、浙江、湖北、广东等地区的112座城市开设了489家直营门店，为消费者钟爱的中式餐饮连锁品牌之一，行业排名第3，年营业额近40亿元。

有趣的是西贝、绿茶等餐饮头部品牌均开放了加盟合伙模式，而小菜园坚持只做直营，如图1-45所示。

小菜园餐饮目前全国所有分店均为直营门店，没有加盟店，具体商标等知识产权信息和全部门店信息可在"小菜园"官网（www.xiaocaiyuan.com）进行查询，任何以小菜园名义公布的加盟招商类信息均为虚假信息，请广大消费者和投资者明鉴！

感谢广大顾客对小菜园的认可和支持。

特此声明！

安徽小菜园餐饮管理有限责任公司

2019年12月22日

图1-45　小菜园只做直营的声明

1. 股权架构

小菜园股权架构包括5层：香港上市公司、控股公司、总部、子公司、分公司，如图1-46所示。

这种架构能否在A股上市？为何要搭建香港公司？小菜园为何没有搭建我们耳熟能详的红筹VIE(可变利益实体)架构？答案是为了去香港上市。

因为餐饮行业不属于国家禁止外资进入的行业(如电信行业、互联网行业、物流行业、新闻行业等不允许外资进入)，就不需要像新浪、京东等企

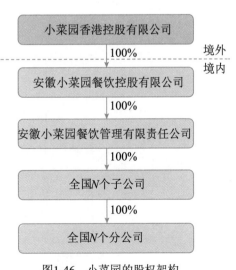

图1-46　小菜园的股权架构

业一样搭建VIE架构了。而且，上市主体为小菜园香港控股有限公司。

2.对外投资

小菜园采取什么持股形式开展全国布局？我们再来看一下其对外投资，如图1-47所示。

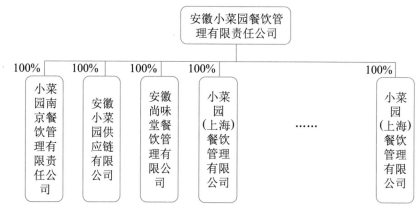

图1-47　小菜园的对外投资

工商信息显示，小菜园目前对外投资了9个子公司，均100%控股。请问：这些子公司如何管理直营门店？直营门店是个体工商户吗？直营门店的利润如何并表至小菜园？

以杭州小菜园餐饮管理有限责任公司为例，其下设了19个分公司，如图1-48所示。小菜园这样做既是为了满足赴我国香港上市的需要，也是为了满足合并403家直营门店财务报表的需要。

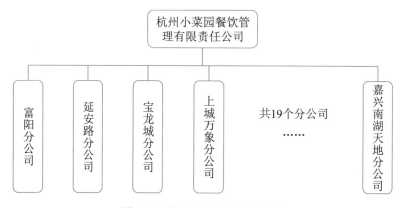

图1-48　杭州小菜园的分支机构

3.激励模式

小菜园与其他连锁门店不同,店长多由厨师长担任,店长管理的门店多了以后,可以升为区域总。

员工可获得门店股份和公司股份。

(1) 门店股份。小菜园让厨师长/店长持有0.5%~0.7%的门店股份。思考一下,门店股份是实股还是虚股呢?答案是虚股。因为分公司没有实股的概念。

(2) 公司股份。一般来讲,区域总经理才持有公司的股份,比例为0.1%。目前工商信息显示,小菜园所有子公司均为总部100%持股,员工不可能持有股份,即使员工持股也是没有价值的,因为小菜园不是上市公司。

这里的公司股份,是指小菜园香港有限公司的股权。至于小菜园香港有限公司的股东构成,目前不得而知,要等正式赴港上市时才会知晓。

案例1-26 喜家德水饺如何用35820直营合伙模式开出700家店

喜家德水饺(品牌方为喜鼎餐饮管理有限公司)创立于2002年。截至2023年6月,全国拥有超700家门店,遍布40多个城市,员工超过8000人,全国统一店面如图1-49所示。

图1-49 喜家德水饺全国统一店面(摘自官网)

喜家德水饺被誉为餐饮界的"华为",坚持只做直营,不做加盟,类似于

"周黑鸭"模式。如此辉煌的业绩，离不开创始人高德福提出的"35820"合伙模式及企业合伙人计划，即把公司变成平台，把员工变成创客。

1. "35820"合伙模式(如表1-46所示)

表1-46　"35820"合伙模式的内容

代　号	层　级	权　利	是否出资	是否独立选址
3	绩效排名前50%的店长	享受3%干股	否	否
5	如果店长培养1名新店长成为小区经理	投资徒弟新店，占5%股份	是	否
8	如果店长培养5名新店长成为片区经理	投资徒弟新店，占8%股份	是	否
20	如果店长培养10名新店长成为大区经理	投资新店，占20%股份	是	是

此模式挺有意思的，顺应人性，既考虑到单兵作战，又讲究团队培养。此模式的运用，让喜家德店长收入是同类店长的2～3倍。

我认为店长有三种类型：如果店长不善于管理，不擅长带团队，没有太大的追求，就安心独立开店，把单店生意做到最好；如果店长单兵作战能力较弱，但善于培养新人，擅长搞人际关系，其结果可能是本人业绩不太好，但培养的徒子徒孙比较多；或者以上两者兼而有之。

在第一种类型的连锁门店中，单店业绩一定会遇到天花板；第二种与第三种类型的店长才是老板最喜欢的，否则门店连锁会受限于店长素质，容易产生"矮子当中拔大个"的窘境。

其实，喜家德公司存在的问题也不少，如表1-47所示。

表1-47　喜家德公司可能存在的问题

序号	存在问题	具体情形
1	缺乏身份感	无论是未出钱的店长，还是出钱的小区经理及片区经理，他们本质上持有的都是虚拟股，不是在工商部门登记的股东。因为不可能将每个店都注册成公司(未来股东进进出出太麻烦了)，只能以个体工商户的形式存在，那么问题是，谁是个体工商户的经营者呢
2	总部与门店关注点各异	店长会不会只关注本门店的经营情况而不管总部的品牌
3	门店亏损如何解决?	小区经理及片区经理是否按相同比例承担亏损? 亏损门店能否被收购或兼并

（续表）

序号	存在问题	具体情形
4	对于重资产模式的不利因素，如何解决？	门店的大部分投资由总部承担，裂变越快，资产越重，因为总部要承担70%以上的成本，例如装饰、租金、工资等，建议可以导入外部合伙模式
5	小区经理及区域经理的投资款如何退？退多少？	实操中，可以参考百果园的做法，在店长或小区经理退出时，将早期投入资金原数返还，同时还可以一次性获得门店分红收益的3倍补偿
6	大区经理的职业天花板问题如何解决？	大区经理都是公司的精英，但不能成为工商部门注册登记的股东，如果竞争对手用实股+2倍年薪，就会轻易把他们挖走，这样太可惜了
7	如果未来公司上市，如何整合门店？	假如喜家德水饺未来有上市的计划，如何让数量庞大的企业合伙人加入上市公司

实操中，我建议有两种解决方式：一是让大区经理成为新开店的经营者/法定代表人，这样店长在离职时不需要办理工商变更手续，操作灵活得多。二是让大区经理在总部持股，如总部拿出10%股份，让他们入股，股份打折卖给区域经理，例如外部估值为3元/股，可以按1.5元/股计算，此时层层利益内嵌，形成利益共同体及事业共同体，最终形成命运共同体。

说到底，喜家德水饺本质上实行的是内部合伙机制，会遇到天花板，裂。看来实现老板高德福所说的"千店"计划，只能"外求"，引入外部投资者。

于是2019年2月，喜家德水饺人才战略再升级，提出新的企业合伙人计划！具体方法有点像百果园的模式：店长不用缴纳加盟费、品牌使用费等费用，与公司共同出资，共同经营，共享收益，共担风险。

2. 企业合伙人计划

外部合伙人选拔资格主要有以下两点。

（1）需要本人亲自管理店面，原则上谁投资谁管理，不能从事副业或其他生意。

（2）开店城市与区域由喜家德水饺每年进行战略规划，合伙人需要跟随喜家德水饺一起进入新城市。

合伙人可选择投资占股比例，包括8%、16%、24%和32%（如表1-48所示），根据个人申请以及考核结果确定合伙份额。

表1-48 合伙人可选择投资占股比例

比 例	资 格 证
8%	6个月之内考取店长资格证
16%	3个月之内考取店长资格证
24%	2个月之内考取店长资格证
32%	1个月之内考取店长资格证

外部合伙人如果愿意出资并持有32%股份，加上总部职能部门可能的项目跟投，总部投资比例会降至40%以下。而在"35820"合伙模式下，以片区经理为代表的内部合伙人出资比例最多为8%，总部出资比例至少为70%。相比之下，在外部合伙人计划下，总部的资金压力减小很多，拿外部合伙人的资金可以快速完成门店裂变。

所以，我猜想在喜家德水饺这两种合伙模式可能会长期并存。

从实操上来看，一线的店长、校长或其他主管是基层战斗单元，是能够听到"炮声"的管理者，而他们管理能力的高低、责任心的强弱直接决定了门店的利润水平。

所以，在激励方案中，应本着"先一线，后二线"的原则，通过激励机制的内嵌，让一线部门有钱赚、赚到钱，优先把他们激励到位，才是方案的重中之重。

2018年8月，我们咨询团队成功实施了一个K12公司直营门店裂变的项目，其中对一线校长的激励是方案的核心内容，具体包括以下三个步骤。

1. 调研阶段，解决一线校长激励难题

我们用了大约2个月时间，对该机构全国36家校区进行了数据分析，形成了校长的能力画像，建立了校区分级制度、校长3级师承制及校区裂变的自运行系统。

2. 巩固阶段，解决分公司经理难题

我们对全国5个分公司经理进行合伙激励，引导条件成熟的分公司转为子公司，让优秀的分公司经理持有子公司的股权，再打通分公司经理的晋升机制，激励其在公司总部持股。

3. 收尾阶段，解决总部职能部门激励难题

经过以上两个步骤，分公司经理及校长与公司的利益牢牢绑在了一起，能站在公司角度思考问题了，此时对"打粮食"的部门就激励到位了。

接下来，如何把各学科老师及师资部、人力资源部门、财务中心、信息部等

职能部门变为合伙人？我们通过"分灶吃饭""增量奖励切分比例""3个人干5个人的活，拿4个人工资""内部模拟公司化""工作量饱和性测算""一二线轮岗""期股激励"等改革措施，让吃"皇粮"的二级部门主动给一级的校区及分公司服务，实现前后端的整体激励。

方案出台后，员工面貌焕然一新，经营指标连创新高。截至2022年12月底，该公司营业收入达到2.5亿元，分校已超过76家，公司总部人数缩减25%，方案初见成效。

经过这个项目，我感慨很深，认识到只有先把利益共同体打造好，才有后面的事业共同体及命运共同体，否则一切都是空谈。

下面，我把直营门店校长裂变及合伙制度的部分内容分享给大家。

案例1-27 某K12培训机构直营门店校长合伙制度

为加快校长的培养步伐，强化校长的"腰部"作用，建立以师傅、徒弟及徒孙为纽带的3级人才培养体系，即师承制，公司依据《公司法》《民法典》以及其他有关法律、行政法规的规定，特制定本制度。

一、校区管理的规定

公司运营部门每半年对全国校区进行打分，打分的结果与校长的晋升及新校区设立等挂钩。

(一) 校区的考核

校区的分级标准与校区的考核得分相关，如表1-49所示。

表1-49 校区的分级标准

考核得分X	等级
$X > 90$分	A级校区
80分$< X \leq 90$分	B级校区
70分$< X \leq 80$分	C级校区

校区的考核指标由公司运营部门制定，经公司董事会讨论通过。

(二) 校区的分级

1.A极校区

(1) 一年内新增2个A级校区。

(2) A级校区校长有资格向公司申请新开校区，并优先推荐其培养的见习校长转任新设立校区担任校长。

(3) 次年起A级校区校长分红比例上浮【20%】。

(4) A级校区的校长成为分公司经理的储备人选，以后优先晋升。

2. C级校区

(1) C级校区见习校长原则上不得担任新设立校区的校长，公司特别调动的除外。

(2) C级校区校长脱产至公司总部的企业大学培训【5】天，费用自理。

(3) C级校区次年起校长分红比例下浮【20%】。

3. 校长的薪水

(1) 校长每月的底薪水平(如表1-50所示)

表1-50　各校区校长月底薪水平

等　　级	月底薪水平/元
A级校区	8000
B级校区	5000
C级校区	3000

(2) 校长调薪的规定

校长增加月底薪的前提条件是净利润达成率大于等于10%，在此基础上，校长月底薪增加额与年销售收入的对应关系如表1-51所示。

表1-51　校长月底薪增加额与公司业绩关系

公司年销售收入/元	月底薪增加额/元
1.5亿	1000
2.0亿	1500
3.0亿	2000

净利润是指校区收入扣除必要费用后的净利润，其中必要费用的具体内容以公司财务部规定为准。

4. 培训的指标

各校区的校长有权推荐教学部、学管部、咨询部及市场部的员工参加公司总部的企业大学培训，各校区推荐的人数如表1-52所示。

表1-52 不同等级校区推荐人数

校 区 等 级	推荐人数上限
A级	3人
B级	1人

二、校区裂变的规定

为了鼓励有能力的校长及见习校长赴新的区域开疆扩土，公司将在政策、资金、机制、人员等方面给予支持，特规定如下。

1. 开拓奖

(1) 当年盈亏平衡，奖励【2】万元。

(2) 新拓校区具有保护期，即【壹】年内不参与公司的校区等级评选。

(3) 次年春节前将开拓奖发放到位。

2. 校长的选择顺序

(1) 新开拓的区域在分公司业务经营范围内的，A级校区的校长及见习校长为第一顺序人，有资格的校长人选须在公司公布新校区后的7日内选择，逾期视同放弃权利。

(2) 其他分公司A级校区的校长及见习校长为第二顺序人，在第一顺序人放弃其选择权利后的【7】日内向公司运营部门提出申请，公司审核合格后于【2】日内通知所在区域的分公司经理。

(3) 上述两个优先的顺序人放弃其选择权利后，公司运营部门有权调配【B】级校区的校长及见习校长去新设立的校区任职。

三、校长升任分公司经理的规定

(一) 任职资格

1. 普通标准(同时符合下列条件)

(1) 校长任职≥1年。

(2) 担任过至少3家校区的校长或2家不同区域校区校长，且最近2年校区每年净利润增长率≥10%。

(3) 培养见习校长数量≥4名。

(4) 校长任职期间，获得A级校区称号数量≥3次。

2. 特殊标准

在担任校长期间，打破开拓校区纪录的优先考虑。

对于不符合上述条件的，由公司董事会特批。

(二) 管辖范围

管辖范围≥5个校区。

四、校长分红的规定

(一) 徒弟及徒孙到新校区任校长

1. 分红层级

(1) 师傅(校长)分红为本校区净利润的【5.0%】，根据校区的等级上下浮动【20%】。

(3) 师傅分徒弟所在校区净利润的【2.5%】。

(4) 师傅分徒孙所在校区净利润的【1.0%】。

师承制下的分红层级如表1-53所示。

表1-53 师承制下的分红层级

辈　　分	师傅	徒弟	徒孙
校区净利润的比例	5.0%	2.5%	1.0%

2. 分红核算

(1) 满整年的分红：自徒弟或徒孙至新校区之日起算，连续分【2】年后终止执行(假如2年中有亏损年度的，则顺延至盈利年度)。

(2) 未满整年的分红：自次月起核算分红，分红=当年新校区任职月数/12×分红金额。

(3) 分红的周期：1月1日—12月31日，即阳历年度。

3. 分红条件(以下三者同时满足)

(1) 本校区的年度业绩考核成绩在【B】档及以上(未满整年的除外)。

(2) 1年内至少培养【壹】名"见习校长"。

(3) 在3年内，假如师傅、徒弟及徒孙三者当中有一人离职，其对应在校区的分红自行终止。

(二) 老校长调到新校区任校长

1. 老校区分红继续发放

(1) 未满整年：当年1月至调入现有校区当月的分红=80%×(当年老校区任职月数/12)×(5.0%×老校区净利润)。

(2) 满整年的分红(分红的依据为老校区的净利润，如表1-54所示)。

表1-54 老校区分红递减情况

第1年	第2年	第3年
2.5%	1.0%	0%

注：在老校区可以分红2年且逐年递减。

(3) 分红条件：老校区年度业绩考核在B档及以上。

2. 新校区业绩达标奖

新校区业绩达标奖为3万元，分配给校长70%，分配给员工30%。

(1) 适用时间：自老校长调任起次月至第2年的12月，分下列两种情形：① 调任当年新校区业绩达标，按表1-54执行；② 调任当年新校区业绩未达标，考虑到存在选址、招生或内部磨合等问题，公司给予【壹】年保护期，即第2年业绩达标时，仍可享受表1-54的奖励。

(2) 分配规定：对于员工业绩达标奖的分配明细，校长应于获得奖励后【7】日内报公司总部人力资源部门备案。

五、校长的期股奖励

(一) 奖励条件

公司每2年对机构内所有校长按照一定的规则进行排名(注：公司运营部门另行制定规则)，符合条件的校长拥有购买公司期股的资格。

(1) 购股人数：校长总数×10%。

(2) 每人期股额度1.0万股，按公司当时的估值出资购买。

(3) 应在期股奖励方案确定后15日内一次性出资，在随后的1年内一次性解锁期股。

(二) 解锁规定

1年内校区绩效考核得分达到公司的要求，如表1-55所示。

表1-55 校长期股解锁规定

考核得分X	实际期股数量	出资款的退回
$X \geq 90$分	100%×个人期股额度	无
70分$\leq X < 90$分	60%×个人期股额度	出资款-60%×个人解锁后的股股数量×每股价格
$X < 70$分	无	全额无息退回

(三) 例外规定

(1) 校长在1年期股解锁期内离职的，对其授予的期股奖励作废，公司将其入股金(本金)的90%(无息)在其办妥离职手续后的15日内汇入其指定的银行账户。

(2) 校长在1年期股解锁期内调岗的，即不从事校长工作，且晋升至分公司经理或因工作需要调动至分公司或公司总部工作，原解锁条件继续适用。

六、校长退出的规定(略)

二、加盟合伙模式

加盟合伙模式是商业合作中的一种形式，主要通过与品牌方或上游企业合作，成为其授权的经销商或运营者，利用其品牌、产品、技术、管理经验等资源来开展经营活动的合伙模式。

通常来说，加盟合伙模式是企业快速裂变的主要途径，也是企业融资的一种方式，蜜雪冰城、百果园、永琪美容等均通过此模式成为本行业的头部企业。

这几年来，笔者给服装企业、化妆品企业、K12教育企业、白酒企业、猪饲料企业等规划了加盟合伙模式，既设计了企业的加盟机制，又设计了招商和路演方案，还是心得颇丰的。

基于此，我认为加盟合伙模式的落地离不开六要素，如图1-50所示。

图1-50 加盟合伙模式落地的六要素

目前，加盟合伙模式的主体有两种类型：一类是外部有资源的人成为加盟商；另一类是内部员工成为加盟商。前者的优势在于加盟商有钱、有资源，不足之处在于加盟商与企业的黏性差一些；后者的优势在于加盟商对企业认同感较强，熟悉企业，管理全面。

深圳百果园实业(集团)股份有限公司(以下简称"百果园")把员工培养成加盟商就是一个经典案例。

案例1-28 百果园通过加盟商A模式及B模式裂变出5958家门店

我国有近3万亿元的水果市场，市场上有南百果、北鲜丰、西洪九之说。而百果园是全国第一大水果零售商。2023年1月，百果园成功在中国香港交易所上市，成为水果零售企业上市第一股。截至2023年6月，百果园共有5958家门店。

一、股权架构

百果园招股书显示，IPO前，百果园注册资金为15亿元，其股权架构如图1-51所示。

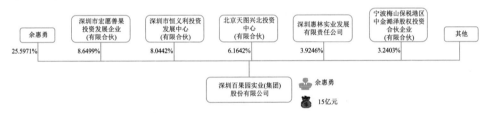

图1-51 百果园股权架构(IPO前)

我们来计算一下，老板余惠勇表决权情况(注：未统计一致行动人、投票权委托的情形)。

1.直接持股

以自然人身份持股比例为25.5971%，通过深圳惠林实业发展有限责任公司持股比例为3.9247%。

2.间接持股

(1) 因担任员工持股平台——深圳市宏愿善果投资发展企业(有限合伙)的GP，故表决权8.6499%全部归余惠勇。

(2) 因担任员工持股平台——深圳市恒义利投资发展中心(有限合伙)的GP，故表决权8.0442%全部归余惠勇。

(3) 因担任员工持股平台——北京汇智众享企业管理中心(有限合伙)的GP，

故表决权2.8675%全部归余惠勇。

因此，余惠勇的表决权份额=25.5971%+3.9247%+8.6499%+8.0442%+2.8675%=49.0834%，余惠勇为百果园的第一大股东，实际控制人。

二、加盟方案

1. 2019年以前的合伙方案

百果园的门店采用店长合伙制，由多方投资，投资方分别为店长、片区管理者和大区加盟商。

(1) 店长的股权比例为80%，主要负责门店的经营工作。

(2) 片区管理者的股权比例为17%，主要负责片区门店的管理。

(3) 大区加盟商的股权比例为3%，主要负责门店的选址。

(4) 百果园不出资，不占股，不收加盟费，无商品差价，主要负责连锁门店的管理、运营、人才输出、品牌运营、人员培训、门店运营等工作。另外，门店利润分配、人才培养计划、退出通道设计及门店亏损补贴详见图1-52。

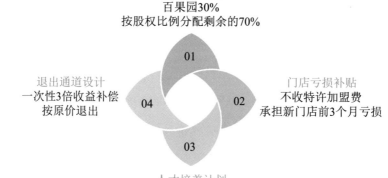

图1-52　百果园的加盟合伙模式(2019年前)

那么，加盟门店是采取公司制还是采取个体工商户的形式呢？如果是前者，对于5958家公司，如何管理呢？显然，百果园对加盟门店只能采取个体工商户的形式！

2. 2019年以后的合伙方案

2019年以后，百果园合伙模式发生重大的变化，目前有A、B两种加盟合伙方案(摘自百果园官网)，如图1-53所示。

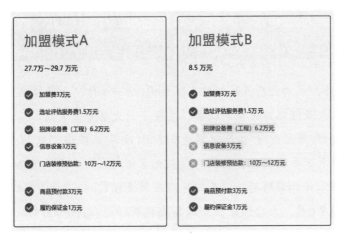

图1-53 百果园最新加盟合伙模式(2019年后)

(1) 加盟模式A：加盟商全额投资，加盟商负责经营。

采用这种模式的加盟商大多是资金充足的投资人。这种模式的特点是前期加盟商投资大，百果园后期分配的利润少。以甲类店为例，加盟模式A的利润分配规定如表1-56所示。

表1-56 加盟模式A利润分配规定

甲类店加盟商月毛利	百果园收取比例
0~6.2万元	3%
6.2万(含)~12万元	15%
12万元(含)以上	25%

(2) 加盟模式B：百果园负责提供门店设备和装修，加盟商负责经营。

采用B模式的加盟商大多为内部员工。内部员工认可百果园的企业文化，但手中没有太多积蓄，选择这种模式比较合适。以甲类店为例，B加盟模式的利润分配规定如表1-57所示。

表1-57 B加盟模式的利润分配规定

甲类店加盟商月毛利	百果园收取比例
0~6.2万元	3%
6.2万(含)~8万元	35%
8万(含)~12万元	40%
12万元(含)以上	45%

大家可以看出，在这两种模式下，当月毛利超过6.2万元时就有很大区别了。

案例1-29 成都大唐房产经纪"只招老板，不招员工"的加盟合伙模式是如何实现的

2007年6月，成都大唐房屋经纪有限公司(以下简称"大唐经纪")成立。

2010年，大唐经纪开始机制改革，发展了川大店等三家店。

2015年，大唐经纪董事长唐军进行机制改革，提出"只招老板，不招员工""让优秀员工成为股东，让优秀股东先富裕起来"的发展思路。大唐经纪门店数量达到90家并开始培育店中店——门店裂变模式。

截至2023年6月，大唐经纪在全国各地拥有经纪人100 000多人，线下门店辐射全国100多个城市和地区。

目前大唐经纪是成都规模最大的房地产中介公司。

一、股权架构

大唐经纪股权架构比较简单，由唐军及高艳两个自然人构成，持股比例分别是98%及2%，如图1-54所示。

二、大唐经纪的对外投资

大唐经纪对外投资有一个特点，即对400多个子公司的持股比例均为51%，如图1-55所示。

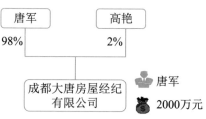

图1-54 大唐经纪股权架构

唐军

出资1960万元，占98%股份，单一大股东

成都大唐房屋经纪
有限公司

51% 对超过400个裂变公司投资

| 成都大唐爱都房地产经纪有限公司 | 成都大唐簇锦房地产经纪有限公司 | …… | 成都大唐天弘房地产经纪有限公司 |

图1-55 大唐经纪对外投资

与传统门店采用个体工商户模式不同，大唐经纪采取了公司制模式。其中，股东店长或大股东(注：本文后面会提及)担任子公司的法定代表人。

用子公司对外投资有两个好处：一是合并报表；二是保证对子公司的控制权。

鉴于目前大唐经纪需要对外开展经营活动，签订房地产买卖合同，而大唐经纪又没有进行法律上的风险隔离，这就能解释为何大唐经纪涉及超过200个诉讼案件了。

综上所述，我建议在大唐经纪上面再设立一个控股公司，将股份比例平移过去，而老板唐军在控股公司持股。

另外，请大家思考一下：大唐经纪的股东店长或大股东在分红时是否按持股比例安排？是否有同股不同分红的情况？

三、机制设计

在大唐经纪，员工晋升无天花板限制，主要分为7个等级，如图1-56所示。

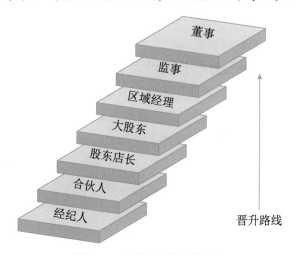

图1-56 大唐经纪的晋升路线

1. 经纪人

经纪人是初级员工。

(1) 底薪为2000元/月。

(2) 提成比例如表1-58所示。

表1-58　经纪人的提成比例

当月业绩X/元	提成比例
$X < 2000$	无
$2000 < X \leqslant 8000$	10%
$8000 < X \leqslant 15\ 000$	15%
$15\ 000 < X \leqslant 25\ 000$	20%
$25\ 000 < X \leqslant 35\ 000$	25%
$35\ 000 \leqslant X$	30%

2. 合伙人

(1) 晋升：经纪人完成【5】万元业绩后，大概3个月内就能晋升合伙人。

(2) 底薪：无。

(3) 提成比例：38.5%~85%，无团队管理提成。

3. 股东店长

(1) 晋升：合伙人完成【20】万业绩即可晋升股东店长。

(2) 底薪：2000元/月。

(3) 提成比例：38.5%~85%。

(4) 分红比例：本门店利润的【50%】。

成为股东店长，即开启了属于自己的创业之门。据统计，大唐经纪股东店长年收入大概为20万~30万元，远超行业平均水平。

从合伙人晋升到股东店长时只考察一个指标：业绩。

4. 大股东

(1) 晋升：如果候选人带出【5】名下属店长，即可参加大股东选举。

(2) 底薪：2000元/月。

(3) 提成比例：本人成交金额的38.5%~85%。

(4) 分红比例：本门店利润的50%+25%×N家下属门店利润。

5. 区域经理

(1) 晋升：大股东按积分排名，进入前【100】的成为区域经理。

(2) 底薪：2000元/月。

(3) 提成：无。

(4) 分红：本门店利润的50%+25%×N家下属门店利润+公司层面分红。

公司层面分红的规则：所有区域经理，享有公司总部分红的【12.5%】，平均每月分红【2】万元以上。

大唐经纪规定，在区域经理基础上，选拔监事及董事。

6. 监事

(1) 晋升：积分排名前【25】名的区域经理成为监事。

(2) 分红：平均每月分红【5】万元以上。

7. 董事

(1) 晋升：积分排名前【7】名的区域经理自动成为董事，积分排名第8至第13名区域经理中，可以通过选举方式推荐【3】名进入董事会。

(2) 分红：平均每月分红【10】万元以上。

于是我们可以计算出，大唐经纪的董事会人数为【11】人，包括董事长唐军。

最后，我对本案例作一个小结：

第一，大唐经纪不只是房产经纪公司，更是创业平台。

第二，连锁企业裂变式发展的关键在于人才，要通过机制去解决人才培养问题，否则连而不锁，锁而不强。

第三，企业要让晋升机制没有天花板，员工晋升不靠关系，能否晋升的唯一评价指标是价值贡献。

第四，机制应是灵活的，是动态的，可上可下，可进可退。

第五，只有打造好利益共同体，才能建立事业共同体，因为画饼不能充饥。

三、托管合伙模式

托管合伙模式，是指外部有资源或有钱的人出资并成为品牌方或企业方的加盟商，本着让专业人员做专业事的原则，加盟商不参与经营但享有分红或投资回报，主动把门店运营、产品销售或服务事项委托给品牌方或企业方员工打理的合伙模式。

线下托管门店的主要支出包括两类，如图1-57所示。其中，人工成本主要包括员工工资及提成(分红)。

员工工资有两种发放方式：一是由加盟商发放，例如海澜之家，是典型的轻资产运营模式；二是由品牌方或企业方发放。通常来说，员工工资是固定的，故激励效果有限。

提成(分红)是浮动的，类似绩效工资，员工拿到的越多，意味着加盟商赚的钱也越多，这是一种双赢机制。

图1-57　线下托管门店的主要支出

鉴于加盟商是"甩手掌柜"，对提成(分红)的设计可以参考直营合伙模式和加盟合伙模式中对员工的激励方案。

那么托管合伙模式与前两种模式有什么联系？

我认为，直营合伙模式不需要托管，因为经营管理权掌握在企业手中，具体来说在一线的门店员工手中；而加盟合伙模式才存在托管的概念。

因此，从某种意义上说，托管合伙模式是加盟合伙模式的升级版。

案例1-30 海澜之家通过S2B2C模式打造6524家托管门店

"海澜之家，男人的衣柜"，一句脍炙人口的广告词让海澜之家家喻户晓。而海澜之家不生产服装，只是一个服装的"搬运工"，采用S2B2C模式，即大供货商(supplier)→渠道商(business)→顾客(customer)，通过产业平台的方式，整合上游供货商，赋能下游加盟商，服务于顾客。

其实，对于大多数线下实体门店而言，都会遇到两个问题：一是门店客流不足，营业额上不去；二是门店员工不稳定，离职率高。

正是这两个问题让很多线下实体店的老板焦头烂额，不知从何处下手。但海澜之家通过门店托管合伙模式有效解决了这两个问题。

截至2023年6月，海澜之家门店总数达8212家，其中直营门店1688家，托管门店6524家。

一、海澜之家的托管合伙模式

海澜之家对加盟店采取全托管理方式，加盟费为零元，让加盟商当"甩手掌柜"，坐等分钱，即海澜之家负责门店"运营"，加盟商负责"出钱"。概括起来有如下四点内容。

1. 收取费用

海澜之家对加盟商收取的费用如图1-58所示。

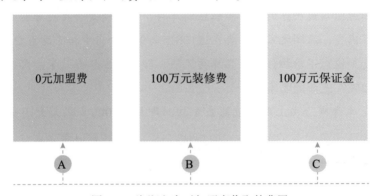

图1-58　海澜之家对加盟商收取的费用

2. 分工规定(如表1-59所示)

表1-59　海澜之家与加盟商的分工

海澜之家	加盟商
选址、装修设计、开店筹划 货品的条码以及价格的统一	支付门店租金、水电费、物业费
加盟店的运营管理、货品投放 人员招聘、培训，包括选派店长进驻加盟店	支付员工包括店长工资及提成(分红)

3. 分钱机制

海澜之家按照产品销售价的65%(含税价)与加盟商结算，剩余35%归加盟商所有。

具体来说，加盟商开设一个银行专户，将门店每日营业收入存入该账户，将营业收入的32%汇入加盟商的自有账户，将营业收入的68%汇给海澜之家，其中，营业收入的3%是代扣费用，主要包括运费、除人员工资以外的费用，以及其他加盟商应当承担的费用。

4. 兜底规定

(1) 对于加盟商交纳的100万元保证金，5年后由海澜之家无息退还。

(2) 若加盟商每年再交6万元管理费，海澜之家保证其5年至少赚100万元，即平均20万元/年。

总之，海澜之家没有花一分钱就开出6524家门店，这是典型的拿别人的钱，办自己的事。

二、海澜之家的零库存政策

大家知道门店最头疼的是大量积压的库存，加盟商是否要对库存负责呢？如果存货卖不出去，海澜之家是否要在这100万元保证金当中扣除库存费用呢？

答案是加盟商不承担任何商品库存风险，即实行零库存政策。那么库存风险由谁来承担呢？是海澜之家吗？

答案是库存风险由上游供应商来承担，即由10 000多家大大小小的工厂来承担。

1. 拿货要求

海澜之家对上游供应商的要求是先货后款。

每次货品入库时，海澜之家只支付不到30%的货款，后续货款根据实际销售情况逐月结算。

以2023年6月中报为例，海澜之家总负债约164.3亿元，应付票据与应付账款合计高达约85.8亿元，超过总负债的一半，如图1-59所示。

应付票据	七、35	1,469,250,000.00
应付账款	七、36	7,111,250,122.04
预收款项	七、37	3,866,801.64

图1-59　应付票据与应付账款合计(摘自2023年6月财报，单位：元)

由此可见，海澜之家既占用下游资金(加盟商)，又占用上游资金(供应商)，实现上下游通吃。

2. 结算规则

海澜之家与上游供应商结算时采用委托代销模式。其实海澜之家在进货环节，通过向上游供应商集采已经赚一笔钱了。

卖出去的货，形成的营业收入，在海澜之家与加盟商之间，按照一定的规则分配利润。海澜之家卖不出去的货，会以"委托代销商品"项目存在于"存货"这个会计科目当中。2023年6月，海澜之家的"委托代销商品"超过42亿元，占存货金额的比重约为48%，如图1-60所示。

项目	期末余额		
	账面余额	存货跌价准备/合同履约成本减值准备	账面价值
原材料	213,087,484.47		213,087,484.47
在产品	73,424,221.17		73,424,221.17
库存商品	4,138,039,084.30	727,330,468.43	3,410,708,615.87
委托加工物资	32,985,806.03		32,985,806.03
委托代销商品	4,270,187,097.49	184,204,739.93	4,085,982,357.56
发出商品	9,859,926.81		9,859,926.81
合计	8,737,583,620.27	911,535,208.36	7,826,048,411.91

图1-60 截至2023年6月，海澜之家的存货明细(单位：元)

海澜之家的零库存政策，本质上是把存货风险转嫁于上游供应商，由供应商真正承担存货风险，因为海澜之家拥有庞大的门店规模。这也印证了一句话——市场即机遇。

第二章

外部合伙模式

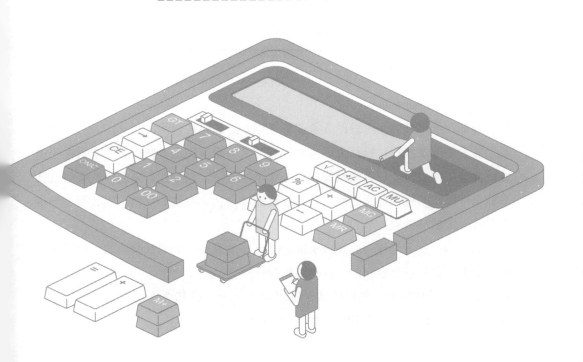

你有品牌，我有资源；你有技术，我有资金；你有产品，我有渠道；你有平台，我有人才。于是就有了基于资源互补的合伙意向，我把这类合作称为外部合伙。

外部合伙的目的在于获利，所谓"天下熙熙，皆为利来；天下攘攘，皆为利往"。所以把利益内嵌，合伙才能长久。

外部合伙的成功离不开完善的规则。外部合伙规则的内容如图2-1所示。

图2-1 外部合伙规则的内容

总之，进入时有条件，出钱时有讲究，出力时要量化，议事时要担当，分红时讲贡献，散伙时讲机制。

外部合伙可分两个阶段：一是业务合作，二是股权合伙。

前者不涉及股权，操作灵活，其权利与义务受《民法典》保护，难点在于提成或佣金如何支付。后者涉及股权，法律手续复杂，例如在有限公司或有限合伙企业里持股，其权利与义务由《公司法》或《合伙企业法》规范，因此相关当事人具有一定的话语权。

我认为，业务合作与股权合伙应遵循这样的原则：能用钱解决的，就不用股权；能通过业务进行合作的，就不用股权。

基于上面的理念，我把外部合伙模式定义为：外部合伙的方法论或标准样式。外部合伙模式可分为5种类型，如图2-2所示。

图2-2 外部合伙模式的5种类型

第一节
资源合伙模式

企业初创时期，股东们投入的资源不尽相同。

有些股东出资金(专业术语为"货币出资")；有些股东出实物，例如机器、土地、房产；有些股东出无形资产，例如技术、专利、配方、商标；有些股东出人力或关系。

我认为，"资金"是较常见的出资形式，也是较靠谱的出资方式，表现为现金或现金等价物出资。在本书中，"技术"表现为"技术成果"，旨在与税务机关的规定一致。而"人力"表现为劳务，例如某些专家以自己掌握的资源为企业提供服务，既不出钱也不出技术而占有公司股权之情形。

于是，就有了不同对象基于不同资源的合伙组合。我把资源合伙模式分为3种类型，如图2-3所示。

图2-3 资源合伙模式的3种类型

外部合伙模式的基础是合伙各方均为平等主体(注：在内部合伙当中，即使员工持有实股股权，老板与员工的权力也是天然不对等的)，更加关注合伙模式的公平自愿、合法合规。

目前，《公司法》只认可资金与技术出资占股，不承认人脉、人力及权力出资占股。如果以后者出资占股，必然存在法律及税务问题。

(1) 法律问题。法律问题主要是出资瑕疵，特别是当企业有上市计划时。

(2) 税务问题。若承认人脉、人力及权力可抵资金，相当于持有人免费获得股权，等同于股权转让，转让价格为0元，未来再次转让时税务成本过高，虽然企业可以以"股份支付"名义进行操作，但会影响企业的利润。

一、资金+资金合伙模式

资金+资金合伙模式，是指合伙各方均以现金出资，在工商部门登记注册，且持有公司股权或有限合伙企业财产份额的合伙模式。

其实，该合伙模式理论上也包括个体工商户及个人独资企业，但这两类企业在工商登记注册环节仅登记一人的股权，其他合伙人只能"隐姓埋名"，因此本节不涉及此部分内容。

实操中，资金＋资金合伙模式有6个问题，如图2-4所示。

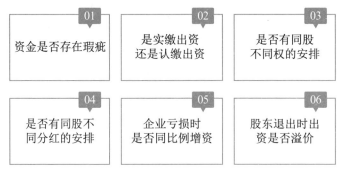

图2-4　资金+资金合伙模式的6个问题

我重点讲一下前两个问题。

1. 资金是否存在瑕疵

公司成立后，需要在银行开设一个对公银行账户。法人股东或自然人股东应分别从自己账户向公司账户汇入认缴的出资，转账资金用途里要写上"投资款"，这样做可以规避"出资瑕疵"的问题。这一点对于有上市计划的公司尤为重要。

"出资瑕疵"的风险主要有两种情形：一是公司股权价值远大于股东当时的出资，特别是股权代持的情况下，其他股东在巨大利益面前，感情是经不起考验的；二是公司产生对外债务时，因股东出资被认定为借款，则其他股东可能把借款优先还债，同时该股东还要承担出资之责。

2. 是实缴出资还是认缴出资

股东协议或公司章程均有股东出资到期的条款，出资一步到位当然最好，纠纷在于分步到位，体现在出资到期前，部分股东全部实缴到位了，而部分股东超期仍然不出资。

此时，能否开除认缴而未缴的股东呢？

最高人民法院关于《公司法》的司法解释(三)第十七条规定："有限责任公司的股东未履行出资义务或者抽逃全部出资，经公司催告缴纳或者返还，其在合理期间内仍未缴纳或者返还出资，公司以股东会决议解除该股东的股东资格，该股东请求确认该解除行为无效的，人民法院不予支持。"

股东会决议解除股东资格，应当符合三个要件：第一，股东具有未出资或抽逃全部出资的情形，未完全履行出资义务和抽逃部分出资不应包括在内；第二，公司给予该股东补正机会，即应当催告该股东在合理期间内缴纳或者返还出资；第三，公司应当依法召开股东会，作出股东会决议，如果章程没有特别规定，经代表1/2以上表决权的股东通过。也就是说，股东除名的门槛很高，只要股东实际出资一元钱就不能依法除名。实操中，我们可以在公司章程里规定具体的股东除名条件，并且可以把条件设置得低一些。例如审议公司章程时全体股东均表决同意，公司章程对公司股东除名的规定应当有效。

案例2-1 某初创公司的同股同分红的资金+资金合伙模式协议

甲方：张三

乙方：李四

丙方：王二

全体股东经自愿、平等和充分协商，就共同投资设立本协议项下公司之事宜，依据我国《公司法》《民法典》等有关法律规定，达成如下协议，以资各方信守执行。

第1条　拟成立公司概况

1.1　拟成立公司名称为××，注册资本为人民币【1000】万元。

1.2　公司的住所、法定代表人、经营范围、经营期限等主体基本信息，以公司章程约定且经工商登记为准。

第2条　股东出资和股权结构

2.1　甲乙丙三方出资额、出资方式及股权比例如表2-1所示。

表2-1　甲乙丙三方出资情况

股　　东	出　资　额	出　资　方　式	持　股　比　例	表决权比例
甲方	510万元	现金	51%	51%
乙方	290万元	现金	29%	29%
丙方	200万元	现金	20%	20%

2.2　甲乙丙三方应如期一次足额缴纳本协议第二条规定的各自所认缴的出资额。甲乙丙三方应在 2023年＿＿月＿＿日前将各自所认缴的出资一次足额存入公司的现有账户。

公司的账户信息如下：

　　　　开户银行：＿＿＿＿＿＿＿＿＿＿＿＿＿＿＿＿＿＿＿＿＿

　　　　账　　号：＿＿＿＿＿＿＿＿＿＿＿＿＿＿＿＿＿＿＿＿＿

　　　　开　户　名：＿＿＿＿＿＿＿＿＿＿＿＿＿＿＿＿＿＿＿＿＿

2.3　任何一方不按照前款规定缴纳出资的，除应当向公司足额缴纳外，还应当对已按期足额缴纳出资的其他方承担违约责任。

第3条　股权稀释

3.1　如因引进新股东需出让股权，则由全体股东同意后按股权比例稀释。

3.2　如因融资或设立股权激励池需稀释股权的，由全体股东同意后按照股权比例稀释。

(比如，若公司有A、B两位股东，A股东占80%股权，B股东占20%股权，现有股东C欲加入公司，持股比例为30%，则A股东按同比例稀释后的股权比例为80%×(1-30%)=56%，B股东按同比例稀释后的股权比例为20%×(1-30%)=14%，C股东股权比例为30%)

第4条 表决

4.1 专业事务(非重大事务)

对于非重大事项,由公司持股比例最大的股东提出方案,如果其他股东无异议,则由公司持股比例最大的股东负责执行。若其他股东有异议,须经全体股东二分之一表决权的股东同意,方可执行,并由持同意意见的股东承担该方案执行后果。

4.2 公司重大事项

4.2.1 公司发展规划、经营方案、投资计划。

4.2.2 公司财务预决算方案,盈亏分配和弥补方案。

4.2.3 修改公司章程,增加或减少公司注册资本,变更公司组织形式或主营业务。

4.2.4 制订、批准或实施任何股权激励计划。

4.2.5 董事会规模的扩大或缩小。

4.2.6 公司合并、分立、并购、重组、清算、解散、终止公司经营业务。

4.2.7 其余全体股东认为重要的事项。

对于以上事项,全体股东如无法达成一致意见,在不损害公司利益的原则下,由占公司三分之二以上表决权的创始股东一致同意后做出决议。

第5条 财务及盈亏承担

5.1 财务管理

公司应当按照有关法律、法规和公司章程规定,规范财务和会计制度,资金收支均需经公司账户,并由公司财务人员处理,任一股东不得擅自动用公司资金。

5.2 各项基金

公司应按照中国法律法规的规定从缴纳所得税后的利润中提取法定公积金和任意公积金。公司提取储备基金、企业发展基金、职工奖励及福利基金,除中国法律法规规定的以外,提取比例由董事会确定。

5.3 分红

5.3.1 若公司决定对公司利润进行分红,则公司所有税后利润应当在各股东之间,按照股东持股比例进行分配。

5.3.2 公司上一年财务年度亏损未弥补前,不得分配利润;上一个财务年度未分配的利润，可并入本财务年度利润后进行分配。

5.3.3　如果公司年度净利润达到200万元，可按60%比例分红一次，年度净利润不足200万元时则不分红。

5.3.4　公司其他盈余分配依公司章程约定。

5.4　亏损承担

公司以其全部财产对公司债务承担责任，全体股东以各自认缴的出资额为限，对公司债务承担有限责任。

第6条　股权锁定和处分

6.1　股权锁定

为保证公司的稳定，全体股东一致同意：任何一方未经其他股东一致同意的，不得向本协议外任何人以转让、赠与、质押、信托或其他任何方式，对其所持有的公司股权进行处置或在其上设置第三人权利。

6.2　股权转让

任一股东，如需要对外转让其持有的股权的，其余股东按所持股权比例享有优先受让权；如确实需要转让给第三方的，则该第三方应取得其余其他股东的一致认可，且第三方对公司运营的支持和贡献不能低于转让方。

6.3　股权分割或被执行

公司存续期间，任一股东离婚或被法院强制执行，其持有的股权被认定为夫妻共同财产的或被执行人财产的，其配偶及债权人不能取得股东地位。其持有的股权，交由公司指定的评估机构进行评估(注：评估费用由该股东承担)，并由该股东对其配偶或债权人进行补偿，否则，其余全部或部分股东有权代为向其配偶或债权人进行补偿，并按补偿金额比例取得相应比例的股权。

6.4　股权继承

全体股东一致同意在本协议及公司章程中约定：公司存续期间，如任一股东去世，则其继承人不能继承取得股东资格，仅继承股东财产权益；针对其持有的股权遗产财产权益，交由公司指定的评估机构进行评估(注：评估费用由公司承担)，其余全部或部分股东有权按评估价格受让，并按向该股东继承人支付的转让款金额比例取得相应比例的股权。

第7条　非投资人股东的引入

如因项目发展需要引入非投资人股东的，必须同时满足以下条件。

(1) 该股东专业技能与现有股东互补而不重叠。

(2) 该股东需经过全体股东一致认可。

(3) 所需出让的股权比例由全体股东同比例稀释。

(4) 该股东认可本协议条款约定。

第8条　股东退出

8.1　经其余股东一致同意后，股东方可退出，其已持有的股权应按本协议约定，全部转让给公司现有其余股东或其余股东一致认可的第三方。

8.2　退出条件

8.2.1　全体股东承诺，三年内不退出。

8.2.2　股东因个人原因提前退出，退出款项实际到账时间为6个月，在公司不亏损的情况下，投资资金按照年化利率8%归还利息和原始投资资金。

第9条　竞业禁止及限制和禁止劝诱

9.1　协议各方相互保证：在合作期间内，不得以自营、合作、投资、被雇佣、为他人经营等任何方式经营与本协议欲设立公司相同或具有竞争性的业务。在各自负责的业务板块不得以任何形式干私活、吃回扣、出卖公司相关信息。

9.2　任一股东，如违反上述约定，所获得的利益无偿归公司所有；如仍持有公司股权的，应将其持有的股权以【壹】元每股的价格(注：如法律就转让的最低价格另有强制性规定的，从其规定)转让给其余股东。

9.3　协议各方相互保证：自离职之日起2年内，非经公司其他股东书面同意，其不会劝诱、聘用在本协议签署之日及以后受聘于公司的员工，并保证其关联方不会从事上述行为。

我认为，在企业初创期，资金+资金合伙模式是较常见的合伙模式。在实操中，本着"合得长、合得久"的原则，就应根据各股东的阶段性贡献及付出，对表决权及分红权进行相应的动态调整。以下案例就体现了这一原则。

浙江某货运供应链公司——甲公司为了开拓陕西的公路货运线上交易市场，拟在西安成立子公司，经熟人引荐，认识业内人士张三。经双方商议，采取资金+资金合伙模式，聘任张三担任西安子公司总经理。

为调动张三工作积极性，在设定里程碑条件后，甲公司把部分分红权免费让渡给张三，即采取同股不同分红方式，写入西安子公司章程并形成相应的股东协议。

下面我把该货运供应链公司的西安子公司关于同股不同分红的内容分享给大家。

案例2-2　某货运供应链公司的同股不同分红的资金+资金合伙模式协议

一、西安子公司注册资本

西安子公司拟注册资本为人民币【100】万元。

(1) 甲方认缴注册资本金【800 000】元人民币，合计占有本公司【80%】股权。

(2) 乙方张三认缴注册资本金【200 000】元人民币，合计占有本公司【20%】股权。

(3) 甲乙双方在公司进行工商注册时各自出资额度的【50%】，将先行缴纳的出资足额存入公司在银行开设的临时账户，其余出资应当在公司成立后于2024年8月18日前缴足。

二、股东权利动态调整及后续投入

1. 当西安子公司利润在100万元以下时

(1) 股东权利的约定。股东权利主要包括知情权、表决权及分红权。乙方提出其表决权比例应大于1/3，此诉求是甲乙双方合作的基础，后经双方协商，一致同意采取"同股不同表决权"的公司治理结构，即甲乙双方拥有的表决权分别为65%及35%，如表2-2所示。

表2-2　甲乙双方关于股东权利的约定

约 定 内 容	股	东	备 　 注
出资人	甲方	乙方	——
出资额度/万元	80	20	——
股份比例	80%	20%	注册股
表决权比例	65%	35%	写入西安子公司章程
分红权比例	80%	20%	——

同时，甲乙双方一致同意把此约定写入西安子公司的章程或股东协议当中(注：实操中要规定当两者产生冲突时，以哪个为主)，这意味着乙方张三拥有了"一票否决权"(注：张三对股东会7项内容具有话语权，即修改西安子公司的章

程、增加或者减少西安子公司注册资本、西安子公司合并、分立、解散或者变更西安子公司形式)。

(2) 分红权让渡的规定。为充分调动乙方张三的工作积极性，甲方同意把其拥有的西安子公司80%分红权，根据乙方张三的在岗情况及西安子公司利润完成情况进行让渡，如表2-3所示。

表2-3 甲方将10%分红权让渡给乙方的约定

约定内容	股东		备注
	甲方	乙方	
出资人	甲方	乙方	—
原分红权比例	80	20	—
总经理岗位股(干股)	—	25%	分红权，甲方让渡
西安子公司利润在100万元(不含)以下时	—	10%	分红权，甲方让渡
实际分红比例	45%	55%	—

2. 当西安公司利润在100万元(含)以上时

此时，甲方要做两件事情，一是在表2-3约定条件的基础上，再让渡15%的分红，以示对乙方贡献的褒奖；二是调整双方的表决权比例，即乙方表决权由35%调整为49%，如表2-4所示。

表2-4 甲方将15%分红权让渡给乙方的约定

约定内容	股东		备注
	甲方	乙方	
出资人	甲方	乙方	—
表决权比例	51%	49%	修改西安子公司章程
实际分红权比例	45%	55%	—
西安子公司利润在100万元(含)以上时	—	15%	分红权，甲方让渡
最终分红比例	30%	70%	—

大家可以看到，西安子公司初创时甲方持股比例高达80%，经过上述两轮里程碑事件，甲方的表决权最终降为51%(注：其实乙方拥有的49%的表决权在股东权利上与35%没有多大差异，仍属于拥有所谓的"一票否决权"，只是数字好看一些而已)，分红权降至30%，但甲方仍为西安子公司的第一大股东，也彰显了甲方的胸怀与格局，毕竟能用钱解决的问题都是小事。

3. 对外扩张时新增投资的规定

对外发展基金用于甲方对外发展新的子公司。乙方在公司经营过程中始终要有对外扩展思维，努力培养优秀的接班人，完善公司人员晋升机制。

当西安子公司营业收入达【8000】万元时，可对外扩张，成立新的子公司，对外投资的资金由西安子公司承担。届时，乙方将自动拥有新裂变子公司【10%】的股权。

4.乙方停止获得甲方分红权的约定

当出现如下情形时，甲方除自动收回乙方的分红权外，且有权回购乙方的投资股权。

（1）本协议签订之日起【贰】年内，乙方从西安子公司离职。

（2）乙方泄露甲方或西安子公司商业或技术秘密。

（3）乙方为了自身利益或者任何第三方(包括但不限于单位和自然人)利益，存在与西安子公司有同业竞争关系的行为。

（4）乙方有其他严重损害甲方或西安子公司利益或严重违反西安子公司制度的行为。

二、资金+技术合伙模式

资金+技术合伙模式，是指一方出资金，其他方凭借能够评估且能办理产权转移手续的技术的合伙模式。这里的"技术"主要指技术成果，按照税务机关的说法属于非货币，特别是指发明专利等无形资产。定义中的"其他方"，既可以是个人，也可以是法人公司。

案例2-3 某老板以技术出资合伙，为何能节税250万元

两年前，老板张三用100万元购买了一项发明专利(注：交易过程中，获得了增值税发票)，经评估这项专利的市场价值为1000万元(注：发生评估费、中介费等各种税费20万元)。张三将这一发明专利投资到李四担任大股东的A公司(注册资金500万元，企业所得税率25%)。

经双方协商一致，A公司的投后估值为5000万元，张三以自然人股东身份占有20%股份，并在规定时间内办理了将发明专利转移至A公司的法律手续。

按税法的规定，该项发明专利成本分10年摊销，即每年摊销100万元，摊销

金额可在企业所得税前扣除，节省企业所得税。

因此，A公司可以节省的企业所得税=100×25%=25(万元)，10年累计节税达250万元。

问题：张三以发明专利，即非货币形式对外投资，要交个人所得税吗？

《关于个人非货币性资产投资有关个人所得税政策的通知》(财税〔2015〕41号)的规定："(一)个人以非货币性资产投资，属于个人转让非货币性资产和投资同时发生。对个人转让非货币性资产的所得，应按照"财产转让所得"项目，依法计算缴纳个人所得税。(二)个人以非货币性资产投资，应按评估后的公允价值确认非货币性资产转让收入。非货币性资产转让收入减除该资产原值及合理税费后的余额为应纳税所得额。"

因此，张三应交个人所得税=(1000-100-20)×20%=176(万元)。

但张三在纳税过程中，有两种税收优惠政策可选择适用。

选项1：《财政部 国家税务总局关于个人非货币性资产投资有关个人所得税政策的通知》(财税〔2015〕41号)规定："纳税人一次性缴税有困难的，可合理确定分期缴纳计划并报主管税务机关备案后，5年内分期缴纳个人所得税。"

选项2：《财政部 国家税务总局关于完善股权激励和技术入股有关所得税政策的通知》(财税〔2016〕101号)规定："(一)企业或个人以技术成果投资入股到境内居民企业，被投资企业支付的对价全部为股票(权)的，企业或个人可选择继续按现行有关税收政策执行，也可选择适用递延纳税优惠政策。选择技术成果投资入股递延纳税政策的，经向主管税务机关备案，投资入股当期可暂不纳税，允许递延至转让股权时，按股权转让收入减去技术成果原值和合理税费后的差额计算缴纳所得税。(二) 企业或个人选择适用上述任一项政策，均允许被投资企业按技术成果投资入股时的评估值入账并在企业所得税前摊销扣除。"

综合考虑后，张三选择了选项2。

假设3年后，张三要把其持有的A公司10%的股权(未考虑股权稀释情形)以3000万元转让给外部投资人王二，则张三要交的个人所得税=(3000-100-20)×20%=576(万元)。

最后，老板应确保技术来源的合法性及无争议性(如技术属于职务发明或与公司主营业务无关，则涉嫌出资不实)，因此在上市前辅导券商为避免风险可能建议将技术入股替换为现金入股。

以上是个人以技术成果出资的案例,那么对于法人公司来说以技术成果出资是否会涉税呢?对此,我分享一个法人公司合伙人以技术成果入股的案例。

案例2-4　某上市公司合伙人以技术作价,占20%股份

2023年6月2日,上市公司山东道恩高分子材料股份有限公司(以下简称"公司",证券代码:002838)与浙江合复新材料科技有限公司(以下简称"浙江合复")共同投资设立合资公司——山东道恩合复新材料有限公司,由合资公司作为项目主体投资建设共聚酯材料项目。

该项目总投资额为人民币20 000万元,其中总投资额的30%作为合资公司的注册资本金,公司拟以货币出资4800万元,占合资公司注册资本的80%;浙江合复以经过评估的知识产权作价,出资1200万元,占合资公司注册资本的20%。合资公司的股权架构如图2-5所示。

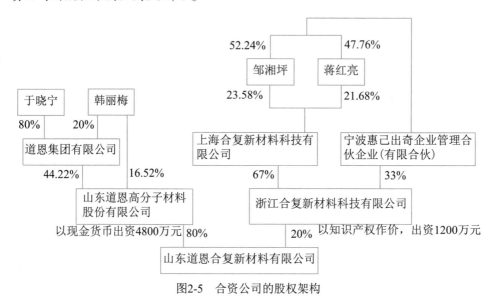

图2-5　合资公司的股权架构

双方约定剩余70%投资额由合资公司利用项目贷款或其他融资形式补充到位。

我认为浙江合复以知识产权出资会涉及以下两个问题。

1. 法律问题

《公司法》第四十八条规定："股东可以用货币出资，也可以用实物、知识产权、土地使用权、股权、债权等可以用货币估价并可以依法转让的非货币财产作价出资；但是，法律、行政法规规定不得作为出资的财产除外。对作为出资的非货币财产应当评估作价，核实财产，不得高估或者低估作价。法律、行政法规对评估作价有规定的，从其规定。"

《公司法》第四十九条规定："股东应当按期足额缴纳公司章程规定的各自所认缴的出资额。股东以货币出资的，应当将货币出资足额存入有限责任公司在银行开设的账户；以非货币财产出资的，应当依法办理其财产权的转移手续。股东未按期足额缴纳出资的，除应当向公司足额缴纳外，还应当对给公司造成的损失承担赔偿责任。"

因此，如果浙江合复办理了知识产权的过户手续，就相当于将20%出资实缴到位了。

2. 税务问题

(1) 增值税。《财政部 国家税务总局关于全面推开营业税改征增值税试点的通知》(财税〔2016〕36号)规定："销售服务、无形资产或者不动产，是指有偿提供服务、有偿转让无形资产或者不动产。"

有偿，是指取得货币、货物或者其他经济利益。因此，浙江合复用知识产权出资，实际上是用知识产权换取被投资企业的股权，属于财税〔2016〕36号规定的"其他经济利益"，所以需要缴纳增值税。

浙江合复(假设为一般纳税人)开具6%的增值税专用发票，山东道恩合复新材料有限公司收票后可以正常抵扣。

(2) 企业所得税。《中华人民共和国企业所得税法实施条例》第二十五条规定："企业发生非货币性资产交换，以及将货物、财产、劳务用于捐赠、偿债、赞助、集资、广告、样品、职工福利或者利润分配等用途的，应当视同销售货物、转让财产或者提供劳务，但国务院财政、税务主管部门另有规定的除外。"

因此，以知识产权对外投资，属于非货币性出资，应按照评估价值确认股权，按照资产转让所得进行税务处理。

按照税法的规定，浙江合复刚进行投资时就要交企业所得税，但是，这样一方面会打击科技人员获取技术成果的积极性；另一方面，当时企业缺乏足够的资金去纳税。

那么，有什么变通的方法吗？

根据财税〔2016〕101号文件第三条，浙江合复在出资环节不用交企业所得税，可以递延至其20%股权再次转让时缴纳。

我要说明的是，财税〔2016〕101号文件当中的技术成果包括6种，如图2-6所示。

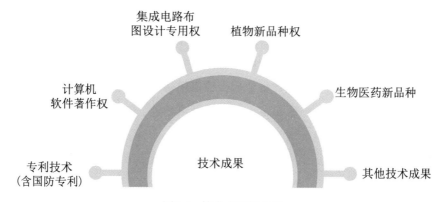

图2-6　技术成果的内容

最后，山东道恩合复新材料有限公司收到浙江合复的知识产权后，按10年摊销，会计分录如下。

借：无形资产——知识产权(浙江合复) 1200万元
　　贷：实收资本　　　　　　　　　　　1200万元
借：年度管理费用　　　　　　　120万元
　　贷：年度无形资产摊销　　　　　　120万元

因此，山东道恩合复新材料有限公司10年期间可以抵扣的企业所得税=1200×25%=300(万元)。可以看出，浙江合复以技术入股降低了被投资企业的税负，节税效果较明显！

目前国家大力提倡技术创新，鼓励技术成果转让及应用，这将激发科技人员创业的热情。

但理想很丰满，现实很骨感。技术人员创业，有一腔热情，但囊中羞涩，于是资金+技术合伙模式应运而生，这种模式未来必定越来越吃香！

为了让大家更好地掌握此模式的内容，我给大家分享一个协议模板，希望能给大家带来一些启示，拿来即用。

案例2-5　某专家以发明专利技术入股合作协议

甲　　方：张三

身份证号码：＿＿＿＿＿＿＿＿＿＿＿

乙　　方：江苏××电子技术有限公司

法定代表人：王二

一、合作宗旨和目的

甲乙双方在平等自愿、互惠互利、协商一致的基础上，就甲方以"一种Buck电路的控制装置"发明专利技术成立子公司一事达成本协议，以资遵照履行。

二、拟成立子公司相关事宜

1. 子公司名称：江苏××信息科技有限公司。

2. 股权架构：甲方股权比例为【30%】(注：此股权前期为期股，未成熟时由乙方代持，条件成熟后转为注册股，详见第三条规定)；乙方股权比例为【70%】。

3. 注册资金：【1000】万元。

(1) 其中甲方出资额为【零】元；乙方出资额为人民币【700】万元(柒佰万元整)，并承诺在本协议签订之日起【贰】年内缴足。

(2) 乙方负责子公司的注册事宜，子公司不能迟于20××年××月××日注册成立。

4. 执行董事兼法定代表人：王二。

5. 总经理：张三，且张三须自20××年××月××日起至子公司开展全职工作，并签订劳动合同。

6. 经营范围：集成电路设计、人工智能理论与算法软件开发、先进电力电子装置销售等。

7. 办公场所：甲乙双方同意租用乙方的场地作为工作场地，乙方以人均【2000】元标准象征性收取租金费用。

8. 财务规定：子公司的会计人员由乙方委派，且每月出具一份子公司的会计报表，供甲方查阅。

三、甲方出资条件及股东类型转换的约定

1. 甲方以其合法持有的发明专利以及其自身所掌握的工程技术等智力成果、技术方案作为无形资产入股至子公司(该子公司财务独立核算),持股比例为【30%】。

2. 甲方以技术成果入股后,甲方取得【期权股东】地位,从期权股东到注册股股东期限为【贰】年,每年解锁【15%】股份,具体规定如下。

(1) 第1年与第2年的在职利润分红模式。

乙方同意将子公司净利润的【10%】分给甲方,且乙方根据甲方的绩效考核得分,设定甲方获得期权的比例,如表2-5所示。

表2-5 甲方考核得分对应获得期权比例

甲方的绩效考核得分(满分为100分)	甲方获得期权比例
80分以下	0%
80分(含)～90分	12%(相当于打8折)
90分(含)以上	15%(全部)

(2) 第3年甲方期权股东转注册股股东的规定。

乙方同意,根据甲方最终可获得的子公司注册股权的比例,确定甲方以期权形式进入【壹】年的锁定期,锁定期与子公司的净利润挂钩,如表2-6所示。

表2-6 甲方注册股份比例获取条件

净利润	100万元以下	100万元(含)～300万元	300万元(含)以上
待注册股份比例	0%	10.5%(相当于打7折)	15%(全部)

(3) 甲方成为子公司注册股股东后,甲乙双方在子公司的分红按持股比例执行。

3. 如果甲方的发明专利技术无法办理转移手续,则甲方需为子公司工作满【贰】年才可以拥有本协议第三条第2款规定的【10%】分红权,乙方不再享有子公司的期权及注册股。

四、甲方的权利与义务

甲方应根据勤勉原则为子公司工作。甲方在子公司工作的基本要求如下。

1. 甲方担任子公司的技术总监一职,负责先进电力电子装置研发、生产和技术指导等工作。

2. 甲方保证其对入股的专利技术拥有合法所有权,并保证将这些技术投入乙方后不会产生侵权纠纷,否则由甲方承担全责。甲方同时保证其用于入股的专利技术在同行业中的先进性和可行性。

3. 甲方(包括甲方的直系亲属,下同)在公司期间和离开公司后【5】年内,未经乙方同意,不得以任何名义在他处从事或者以他人名义从事与公司经营类似或有竞争性业务的工作,也不得以任何名义设立与公司经营业务类似或有竞争关系的企业。

4. 甲方不得将公司的技术成果(包括甲方用于入股的专利技术)、商业秘密或其他知识产权有偿或无偿地授予他人使用,或自用于无益于公司的用途。在遵守保密制度的前提下,甲方为公司利益在公司内部的使用和披露行为不受此限。

五、退出规定

1. 为保证子公司稳定性,本协议有效期限为【伍】年。

2. 如果甲方自本协议签订后【叁】年内退股,则乙方须在退股协议签订【15】日内以【零】元对价转让给乙方。

3. 如果甲方自本协议签订后【叁(含)至伍】年内退股,乙方的回购价格为当时子公司【1.2】倍账面净资产。

4. 甲方确因个人需要将其注册股股权质押、转让或赠与第三方时,乙方在同等条件下有优先认购权。

5. 如果乙方将子公司出售,乙方同意将子公司溢价的【10%】免费赠送给甲方。

六、竞业规定

1. 甲方不得利用本协议规定的专利技术与其他机构进行合作或进行营利性的工作。

2. 未经乙方书面同意,甲方不得利用本协议规定的专利技术免费为其他营利性机构提供相关的服务及咨询。

3. 甲方如违反竞业禁止规定,须向乙方支付人民币【壹佰万】元的违约金。

七、其他

1. 如果甲乙双方出现纠纷,任何一方均可向对【乙方】有管辖权的人民法院起诉。

2. 本协议于20××年××月××日生效。

甲方(签字):_____   乙　　方(盖章):_____

　　　　　　　　　　　　　　　法定代表人(签字):_____

___年___月___日　　　　　　　　　　　___年___月___日

三、资金+人力合伙模式

资金+人力合伙模式，是指一方出资金，其他方出人力的合伙模式。我认为，这里的人力即劳务，既未出钱，也未出实物及无形资产等，而是以"人力"入股。

但是，我国《公司法》不允许劳务出资，而《合伙企业法》允许GP(普通合伙人)以劳务出资，有限合伙人不能以劳务出资。从某种意义上来说，《合伙企业法》比《公司法》在劳务出资规定方面更灵活。

因此，资金+人力合伙模式本质上是一方把股权免费赠与其他方。这会涉及赠送方的注册资金是否实缴的法律问题及股权转让税务问题。

资金+人力合伙模式适用于具有不可或缺的特殊资源的人，他们拥有人脉关系、行业地位、权力资源等，而这些特殊资源可以给企业带来直接或间接的利益，例如业务收入、市场占有率、资质获取或行业背书等。

鉴于这种特殊资源转化为企业的生产力时，需要经过时间的考验，企业一般采取"期权"激励方式。

第一步：约定股权的总比例或总数量，例如10%期权。

第二步：设定里程碑事件，例如当对方介绍的关系转化为"使我方具有招投标资格时"，对方可以行权1/3，以此类推。

第三步：当对方获得的期权行权完毕后，企业着手办理工商登记手续。

在第三步中，如果"人力"入股方不方便以本人身份持股，可能存在股权代持的情形，即要么由"人力"入股方亲戚代持，要么由"资金"入股方老板代持。

我认为，这类规则在理论上是可行的，但落地时会遇到问题。因为主导权不在于"资金"入股方，"人力"入股方极有可能要求按人力出资进行工商登记，直接持股，例如与院士的合伙经营，并且股权出资的责任及股转的税务成本就得由"资金"入股方来承担了。

总之，该模式涉及腐败及利益输送问题，特别是以0元出资，很难保证价格的公允性。

案例2-6 一方出资500万元，另一方以人力出资0元，为何能将合伙进行下去

张三是一家饭店的厨师长，擅长做湘菜，厨艺不错。现在张三打算出来创业，但苦于没有启动资金。正巧好朋友李四收到一大笔拆迁款。于是，两人一拍即合，决定合伙经营饭店。

经测算，饭店总投资为500万元。李四出资500万元，张三负责经营，即张三出力不出资，李四出资不出力。他们的出资及持股比例如表2-7所示。

表2-7　初期投资时股份比例

股　　东	出　　资	股 份 比 例
张三	0元	40%
李四	500万元	60%

在如何分红的问题上，李四认为不论饭店经营状况怎么样，他的分红比例60%应保持不变；张三认为开饭店初期资金价值大些，但后期人力贡献更多。

为此，两位股东争吵不休，谁也说服不了谁。最后，在我们的参与下，双方制定了动态分红方案，如表2-8所示。

表2-8　不同利润下的股东分红比例

净利润X	张三分红比例	李四分红比例
$X<500$万元	40%	60%
500万元$\leq X<1000$万元	50%	50%
1000万元$\leq X<1500$万元	60%	40%
1500万元$\leq X<2000$万元	75%	25%
$X\geq 2000$万元	90%	10%

当然实操中，张三可以对分红进行二次分配，例如将分红的30%分配给团队。

此类合伙的要点还有一个：注意财务的透明性及规范性。我给他们设计了一个日清日结制度，就是饭店每天进多少钱、出多少钱、钱放哪了，双方都能看到。

通过这个真实的案例，相信大家对资金+人力合伙模式有了一个新的认识。

案例2-7　70%资金股+30%人力股，如何与里程碑事件结合

H公司初创时有甲、乙、丙三个自然人股东，其中甲与乙为经营者，既出资又出力。丙是甲的好朋友，为战略投资人，不参与经营，出资但不出力。

H公司注册资金为100万元，甲、乙、丙三位股东分别认缴出资50万元、20万元、30万元，对应原始出资比例分别为50%、20%及30%。H公司成立半年后，三位股东全部实缴到位。

甲、乙股东在外学习了合伙的课程，认为如果完全按照原始出资比例分配红利，易出现"兄弟式合伙，仇人式散伙"的悲剧，只有根据股东的贡献大小动态调整股权的比例才能"合得长，合得久"。

因此，在股东协议中，三位创始股东一致同意按照资金股∶人力股=70%∶30%的规则，重新计算三位创始股东的股权比例，即甲、乙、丙股东持股比例分别为35%(50%×70%)、14%(20%×70%)、21%(30%×70%)，且预留30%股份用于股东激励及员工持股平台，并同意由第一大股东甲代持。最终，甲、乙、丙在市场监督管理局的注册登记比例分别为65%(35%+30%)、14%及21%。全体股东约定事项如表2-9所示。

表2-9　全体股东约定事项

股东约定事项	甲	乙	丙	预　留	合　计
原始出资/元	500 000	200 000	300 000	—	1 000 000
原始出资股份比例	35.00%	14.00%	21.00%	30.00%	100.00%
工商登记股份比例	65.00%(代持30%)	14.00%	21.00%	—	100.00%

1. 预留股份(30%)的分配

第一步：H公司拿出预留股份的20%对全体股东进行激励，通过三个里程碑事件(milestone event)确定对应的人力股比例，如表2-10所示。

表2-10　里程碑事件与对应的人力股比例

里程碑事件	里程碑事件的条件	人力股比例
M1	销售收入达到2000万元或净利润达到300万元	8%
M2	电动车动力芯片批量生产后带来的合同订单金额超过2000万元	6%
M3	对外融资金额超过3000万元	6%

第二步：将剩下的预留股份(10%)用于内部员工持股平台，等条件成熟时启动。

2. 贡献值的确定

当H公司达到了里程碑事件所设定的条件后，相当于H公司完成了某项阶段性工作，可以根据各股东的贡献论功行赏。各股东通过投入资金、把自持的房产免费租给公司、投入设备和帮助融资等方式做出各自的贡献。

3. 模拟测算

(1) 当H公司满足M1事件的条件时，假设甲、乙、丙三位股东的贡献值分别是50万元、30万元及0元(未出力)，同时假设H公司当时的估值为【2000】万元。

我们得到甲、乙两位股东新增股权比例分别为2.5%及1.5%，合计4.0%，未超过表2-10规定的8%，剩余的4%(8%-4%)并入M2阶段对应的人力股比例。

因此，可以得到M2及M3阶段累加的人力股比例=4%+6%+6%=16%，并据此对表2-10进行相应的修订，如表2-11所示。

表2-11　H公司M1阶段达成后的人力股比例

里程碑事件	里程碑事件的条件	人力股比例
M2	电动车动力芯片批量生产后带来的合同订单金额超过2000万元	10%
M3	对外融资金额超过3000万元	6%
合计		16%

注：10%=4%+6%。

我认为，当M1事件触发时，本质上相当于一个把4%的人力股根据股东甲、乙的不同贡献进行工商登记的过程。

为方便大家的理解，我把工商登记、股权比例这两个重要指标的前后数据进行了对比，特别需要注意的是，人力股及持股平台股份在这个阶段还不能在工商部门显名登记，故仍由甲股东代持，如表2-12所示。

表2-12　M1阶段对应的动态股权比例

贡献点		股东			人力股比例	持股平台	合计
		甲	乙	丙			
M1	贡献金额/元	500 000	300 000	—	—	—	80 0000
	贡献比例	2.50%	1.50%	—	—	—	4.00%
	原工商登记股份比例	65.00%(35%+30%)	14.00%	21.00%	20.00%(代持)	10.00%(代持)	100.00%
	M1工商登记股份比例	63.50%(37.5%+26%)	15.50%	21.00%	16.00%(代持)	10.00%(代持)	100.00%

(2) H公司因研发需要增加了股东丁，在他的努力下，H公司成功实现M2事件。

假设甲、乙、丙、丁四位股东的贡献值分别是160万元、20万元、0元(未出力)及80万元，同时假设H公司此时的估值为【5000】万元。

我们得到甲、乙、丁三位股东新增股权比例分别为3.2%、0.4%及1.6%，合计5.2%，未超过表2-11中M2对应的【10%】，而剩余4.8%(10%-5.2%)并入M3对应的人力股比例。

因此，可以得到M3阶段的人力股比例=4.8%+6%=10.8%，据此对表2-11进行相应的修订，如表2-13所示。

表2-13　H公司M2阶段达成后的人力股比例

里程碑事件	里程碑事件的条件	人力股比例
M3	对外融资金额超过3000万元	4.8%+6%
合计		10.8%

同理，我认为当M2事件触发时，本质上相当于一个把5.2%的人力股根据股东甲、乙、丁的不同贡献进行工商登记的过程，如表2-14所示。

表2-14　M2阶段对应的动态股权比例

贡献点		股东				人力股比例	持股平台	合计
		甲	乙	丙	丁			
M2	贡献金额/元	1 600 000	200 000	—	800 000	—	—	2 600 000
	贡献比例	3.20%	0.40%	0.00%	1.60%	—	—	5.20%
	M1工商登记股份比例	63.50%(37.5%+26%)	15.50%	21.00%	—	16.00%(代持)	10.00%(代持)	100.00%
	M2工商登记股份比例	61.50%(40.70%+20.80%)	15.90%	21.00%	1.60%	10.80%(代持)	10.00%(代持)	100.00%

(3) H公司引进了股东戊和己，分别负责企业的投融资及海外事业部，2年后H公司实现M3事件。

假设甲、乙、丁、戊、己五位股东的贡献值分别是300万元、200万元、150万元、60万元及120万元，同时假设H公司当时的估值为【1】亿元，故甲、乙、丁、戊、己五位股东新增股权比例分别为3.0%、2.0%、1.5%、0.6%及1.2%，合计8.3%，未超过表2-13规定的【10.8%】。

这是最后一次里程碑事件(M3)，H公司最终剩余人力股比例为2.5%(10.8%-8.3%)，如表2-15所示。

表2-15　M3阶段对应的动态股权比例

贡献点		股东						人力股比例	持股平台	合计
		甲	乙	丙	丁	戊	己			
M3	贡献金额/元	3 000 000	2 000 000	0	1 500 000	600 000	1 200 000	—	—	7220000
	贡献比例	3.00%	2.00%	0.00%	1.50%	0.60%	1.20%	—	—	8.30%
	M2工商登记股份比例	61.50%(40.70%+20.80%)	15.90%	21.00%	1.60%	—	—	10.80%(代持)	10.00%(代持)	100.00%
	M3工商登记股份比例	56.20%(43.70%+12.50%)	17.90%	21.00%	3.10%	0.60%	1.20%	2.50%(代持)	10.00%(代持)	100.00%

H公司在三个里程碑事件顺利完成后，按计划启动了第二步——核心员工的持股激励，最终业务发展走上快车道。

本案例是基于企业真实案例进行改编的，也是本书当中最难理解的案例，大家如果能掌握并消化吸收，则对合伙模式的认识有质的飞跃。下面我对本案例做一个小结。

(1) 初创式股权可分为资金股与人力股两种类型，对资金股的确认以净资产或原始价格为标准，而人力股与股东做出的贡献相关。

(2) 具体贡献点可以根据企业的实际情况灵活确定。

(3) 需要确定里程碑事件，根据合伙人的贡献动态调整股权比例。

(4) 我国《公司法》是不认可以人力股出资的，故在工商登记中，人力股只能由相关股东代持，存在出资瑕疵问题及实际股权比例与工商登记股权比例不一致的情形。这是理论与实践的差异，个中道理，大家多加体会。

请大家思考一下：除了上述几类合伙模式外，为何企业里鲜有"技术+人力""人力+人力"之类的合伙组合呢？其实逻辑很简单，因为公司初创时离不开必要的现金流。

第二节
上游合伙模式

在企业规模较小时，进货成本较难下降，上游供应商或厂家处于强势地位，提价也是家常便饭。

对于上游供应商或厂家的提价，大部分企业只能忍气吞声，默默承受，体现在财务报表上为毛利率大幅下滑，增收不增利。

因此，把上游供应商或厂家变为合伙人就尤为重要。我认为，上游合伙模式具体包括供应商合伙、厂家合伙及债转股合伙三种模式。

案例2-8 供应商B企业提价如何影响A企业利润

通过资源合伙模式，A公司股东们"力发一处，利出一孔"，度过了生存期。经过4年的发展，销售收入每年增速超过30%。2022年，A公司销售收入突破1亿元，利润率为15%(1500/10 000，未考虑税务成本)，如表2-16所示。

表2-16 2022年A公司利润简表

单位：万元

销售收入	10 000
原材料	5000
直接人工	920
制造费用	600
管理费用及研发费用	1200
销售费用	500
财务费用	80
其他	200
利润	1500

股东们踌躇满志，就要撸起袖子大干一场时，收到了上游供应商B公司的邮件，B公司要于自次年起对原材料提价，涨幅为8%。

于是，采购部会同财务部一起分析了本次采购加价对利润的影响(注：假设其他因素不变)，如表2-17所示。

表2-17 B公司加价后A公司利润表(简表)

单位：万元

销售收入	10 000
原材料	5000+5000×8%=5400
直接人工	920
制造费用	600
管理费用及研发费用	1200
销售费用	500
财务费用	80
其他	200
利润	1100

可以看出，A公司利润率由15%下降至11%，即B公司产品价格提高8%，A公司利润率下降4%，即2∶1的关系。我在企业担任财务总监时，对采购价格波动对利润的影响深有感触。

因为B公司所提供的原材料性能稳定，所以每年A公司采购量的70%来源于B公司，对B公司依赖较大。对于上游的提价，A公司没有太大的话语权。

怎么办？A公司大股东梁梁仔灵机一动，想到了供应商合伙模式。

一、供应商合伙模式

供应商合伙模式，是指企业为了稳定采购价格，主动出资购买上游供应商的股份，或企业邀请上游供应商出资购买本企业股份或免费将本企股份赠送给上游供应商的合伙模式。

出资购买供应商股份的主动权在供应商手上，入股时企业不出资的概率较低，较少发生，除非有某些利益交换。

企业邀请供应商出资或不出资合伙的关键问题是，企业有想法，但供应商不一定愿意。因为企业的采购规模不大或未形成替代供应商之前，供应商具有强势地位。

在案例2-8中，A公司与B公司经过4年的磨合，合作是愉快的，于是答应合伙。A公司大股东梁梁仔打算出让8%的股份给B公司，邀请B公司合伙。B公司答应合伙，认为以股权换取采购价格不上涨或略有下降的思路是可以接受的，不过坚持不出资。

为此，我们为B公司设计了分3期解锁的限制性股权方案，经双方多次讨论，最终达到了B公司以供应商身份成为A公司股东的目的。我把协议的部分内容分享给大家。

案例2-9　A公司以自己公司8%的限制性股权，换取供应商采购价格下浮2%

甲方：梁梁仔(A公司控股股东)

乙方：B公司(上游供应商)

甲乙双方本着平等自愿、互惠互利、共同发展的原则，经双方友好协商，就乙方战略投资A公司(以下简称"目标公司")之事宜达成一致意见，并签订如下合作协议。

1. 入股内容

(1) 目标公司注册资金为【500】万元(截至2022年5月1日)。

(2) 甲方将其合法持有目标公司【8%】的股权(40万元出资)转让给乙方，乙方同意受让。

(3) 甲乙双方同意并确认，【8%】的股权价格为【160】万元(注：按2000万元估值计算)。

(4) 乙方获得【8%】股权，该股权为限制性股权，转让价格为【零】元。乙方分【3】期解锁，如表2-18所示。

表2-18 乙方限制性股权解锁条件

期 次	解锁比例	解锁条件
第1期	3%	乙方供货价格连续2年下浮2%，且甲方未产生因使用乙方原材料导致的质量问题
第2期	3%	乙方与××院士研发的进口替代材料量产后，未来成立新公司时，给甲方保留5%股份的入股资格(工商注册手续完成后3日内解锁)
第3期	2%	3年后，甲方购买乙方目前公司的股份，且以净资产上浮20%为入股时的计价基数，以达到相互参股之目的(工商手续完成后3日内解锁)

(5) 乙方的限制性股权完全解锁后，目标公司30日内完成工商登记手续，即安排乙方在目标公司的合伙企业(即员工持股平台)持股，鉴于合伙企业占目标公司【20%】的股份，乙方持有合伙企业【40%】的财产份额(8%/20%)。

2. 分红及退出

(1) 因限制性股权有解锁之安排，故乙方股权未完全解锁前，甲方同意乙方按【4%】股权比例享有目标公司的分红，自2023年1月起，乙方享有目标公司的分红；股权完全解锁后，乙方按【8%】股权比例享有目标公司的分红。

(2) 甲乙双方约定，乙方的【8%】限制性股权完全解锁后3年内，乙方不得请求甲方或目标公司回购。3年后，乙方有权选择退出，乙方退出金额=届时目标公司估值×【50%】与【160】万元孰高×乙方实际持有的目标公司股权比例。

甲方双方约定，目标公司估值=销售收入×15%(利润率)×4倍。

我们测算一下，假设乙方前3年均成功解锁表2-18规定的每一期指标，再加上3年不得回购，意味着6年后乙方的股权才真正实现了"全流通"。此时，乙方有权请求目标公司的大股东梁梁仔回购。

3. 盈亏(含债权债务)分担

(1) 目标股权在工商部门登记完成之后，乙方成为目标公司的股东。自乙方成为目标公司股东之日起，按照其股权比例享有公司利润，承担经营风险和亏损。

(2) 乙方成为目标公司股东之前(即目标股权的工商变更登记完成之前)，目标公司发生的全部债务由甲方以个人资产承担连带清偿责任，与乙方无关；乙方成为目标公司股东后公司发生的债务由乙方按照其持股比例承担。

4. 附则

(1) 因履行本协议产生的任何争议，各方应尽力通过友好协商的方式解决；如果协商后仍无法解决，任何一方均可向【目标公司所在地】有管辖权的人民法院提起诉讼。

(2) 本协议未尽事宜，由各方本着友好协商的原则予以解决，可另行签署补充协议，补充协议与本协议具有同等的法律效力。

(3) 本协议一式三份，甲、乙双方各执一份，目标公司保存一份。

大家认为，这样操作对于A公司合算吗？

假设6年后B公司选择退出，此时A公司销售收入达到3亿元。

我们来计算一下，乙方退出金额=(3亿元×15%×4×50%)×6%=540万元(注：假设目标公司引入外部融资，乙方股份比例被稀释至6%)。

对于A公司而言，6年合计节约采购成本=6×(5400-5000)=2400(万元)。那么这笔买卖合算与否，想必大家已经有答案了。

另外，大家如有兴趣的话，也可以计算一下，6年中A公司利润总共增加了多少元？

其实在这个协议背后，B公司看重A公司的经营团队及老板梁梁仔对产业链的整合能力，而A公司看重××院士开发的新材料给行业带来的机会。

所以，作为交换条件，梁梁仔提出参股的想法，属于双方各取所需，各得其所。

有了供应商合伙模式的保障，A公司采购价格稳定了，后院不会起火，可以一心一意做好销售，信心越来越足，A公司打算2025年启动上市计划。

鉴于A公司未来有多轮融资，B公司的8%股权未来可能低于5%。那么，对于5%持股比例，老板为何如此敏感呢？

根据《中华人民共和国证券法》《上市公司信息披露管理办法》及上市规则等相关规定，应将直接或者间接持有公司5%以上股份的企业或自然人认定为关联方。因此，A公司在上市前引入B供应商时最好将其持股比例控制在5%以下。

案例2-10 首航新能让其供应商——宁德时代全资子公司成为股东

深圳市首航新能源股份有限公司(以下简称"发行人"或"公司")是专业从事新能源电力设备研发、生产、销售及服务的高新技术企业,专注于太阳能电力的转换、存储与管理,核心产品涵盖光伏并网逆变器、光伏储能逆变器、储能电池等。

2021年,发行人的主要供应商宁德时代新能源科技股份有限公司(以下简称"宁德时代",证券代码:300750)的全资子公司宁波梅山保税港区问鼎投资有限公司(以下简称"问鼎投资")出资购买发行人3%的股份,入股价格低于同期其他投资者。

发行人将其增资价格与同期投资者增资价格的差额确认为股份支付,共7731.96万元,计入非经常性损益。

截至招股说明书签署之日,发行人的股权结构如图2-7所示。

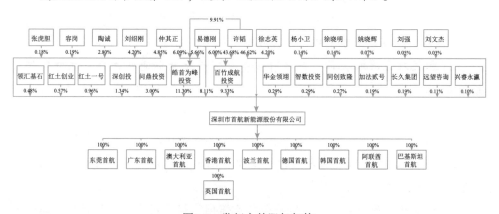

图2-7 发行人的股权架构

1. 问鼎投资购买发行人股份的背景和过程

公司自2015年开始研发储能电池相关工艺技术,于2019年开始从外部购买成品储能电池进行销售,于2020年开始自产储能电池产品。

2021年8月,宁德时代全资子公司问鼎投资获知发行人拟进行融资的消息,开始与发行人进行接触洽谈,并于2021年11月与发行人签署了《投资合同书》,2021年12月,发行人已办理问鼎投资入股的相关工商变更手续。

在问鼎投资入股前,公司已向宁德时代采购电芯进行储能电池的生产。宁德时代全资子公司问鼎投资购买发行人股份系基于双方合作关系以及发行人发展前景而进行的投资行为。

2. 问鼎投资低价购买发行人股份的原因及合理性

宁德时代全资子公司问鼎投资在发行人开展储能电池业务之后购买发行人股份，这是基于双方合作关系、技术特点以及发行人发展前景和投资价值而进行的投资行为。发行人决定引入问鼎投资，并同意其以略低于同期财务投资者的价格入股的主要原因如下。

(1) 保障公司储能电池产品的整体品质。宁德时代作为新能源龙头企业，布局储能业务多年，在品牌、技术、产能和客户等方面具有优势。其电芯经过一系列严格的测试与认证，在技术先进性、使用稳定性以及循环和存储性能等方面处于领先地位。因此，公司向宁德时代采购电芯能够保障公司储能电池产品的整体品质。

(2) 保障电芯供应的稳定性。在宁德时代全资子公司问鼎投资入股前，公司已向宁德时代采购电芯进行储能电池的生产，但受到锂、镍、钴等大宗商品或化工原料市场价格变动及市场供需情况波动等影响，电芯市场供应不稳定。

(3) 加强双方战略合作。宁德时代是全球最大的电池制造商，在储能领域具有领先的市场地位和技术优势，而公司在业务发展初期便制定了"光储一体化"的业务发展方向，在光储结合方面具备较强的先发优势和技术储备。通过引入问鼎投资，公司与宁德时代进一步加深战略合作关系，双方约定在同等条件下，公司及宁德时代将优先选择对方开展光伏和储能领域的技术开发或产品合作。

(4) 问鼎投资购买发行人股份符合行业惯例。问鼎投资为宁德时代下属的专业从事实业投资的投资平台，除公司外，还投资了锂电池材料、半导体功率器件、储能电池、新能源汽车等公司。因此，问鼎投资购买发行人股份符合行业惯例。

综上所述，公司基于双方合作关系、自身战略发展需要和宁德时代的市场地位，出于提升储能电池产品品质、保障电芯供应稳定性、深化战略合作等目的，同意问鼎投资以略低于同期财务投资者的价格入股，具有合理性。

总之，供应商合伙模式本质上是股权绑定，双方进行的交易属于关联交易，易被认定为利益输送、调节利润。

其实，供应商合伙模式的实施要满足两个条件：一是企业的股权要有价值，例如有上市规划；二是供应商在企业中获得的利益要远大于供应商不提价带来的损失。

供应商合伙模式有利有弊，我总结一下(注：站在A公司的角度)，如表2-19所示。

表2-19　供应商合伙模式的优缺点

优　点	缺　点
1. 提升企业竞争力 稳定采购价格，增加利润，形成战略合作伙伴关系	1. 信息泄露的风险 泄露部分商业机密或财务信息
2. 增加财务杠杆 可能获得供应商一定的应付账款账期，缓解企业的现金流压力	2. 替换不了的风险 当供应商在价格或服务方面不具有优势时，企业虽然想替换供应商，却发现不能实施
3. 规范公司治理结构 引入外部股东，有助于规避创始人"一言堂"，完善企业的决策机制	3. 上市的障碍 (1) 入股是否具有商业合理性 (2) 入股价格是否公允 (3) 入股前后是否存在利益输送 (4) 对入股的供应商是否存在重大依赖

二、厂家合伙模式

厂家合伙模式，是指企业与产业链终端——工厂进行合伙的模式，表现为企业主动出资购买上游厂家股份，或企业邀请上游厂家以出资或不出资方式持有本企业一定数量股权。

此模式一旦确立，意味着企业能以出厂价从厂家进货，没有中间商赚差价，这无形中提升了企业的市场竞争力。

案例2-11 **比亚迪成为上游厂家股东以延伸产业链并确保原材料价格稳定**

2023年上半年，国内新能源汽车销量排行榜如表2-20所示，比亚迪股份有限公司(以下简称"比亚迪",证券代码:002594)的新源车销量一骑绝尘。

表2-20 2023年上半年新能源车销量排行榜(数据来源:买车家)

排　名	厂　家	数量/辆
1	比亚迪	1 154 573
2	特斯拉中国	294 105
3	广汽埃安	209 336
4	上汽通用五菱	177 108
5	吉利汽车	150 658
6	理想汽车	139 117
7	长安汽车	135 674
8	长城汽车	80 183
9	哪吒汽车	55 447
10	蔚来汽车	54 561

大家知道,新能源汽车的核心零部件是动力电池,比亚迪在新能源汽车还未流行的时候就开始对上游锂矿资源进行投资,目前主要使用自产的磷酸铁锂电池(注:宁德时代的电池主要是三元锂电池,三元锂电池和磷酸铁锂电池占了动力电池70%以上的市场份额)。

高速发展的比亚迪遇到两个难题:一是碳酸锂等原材料价格处于高位;二是销量快速增长导致原料供应的稳定性难以保证。对于前者,比亚迪可以通过调价的方式转移成本;对于后者,比亚迪就需要不断在市场上寻找锂矿,以满足不断扩大的原料需求。

因此,比亚迪持有上游锂矿生产厂家的股份是必然选择。

例如,2022年12月6日,盛新锂能集团股份有限公司(以下简称"盛新锂能",证券代码:002240)向比亚迪非公开发行4663.09万股股份,股权比例为5.11%,募集资金总额超过20亿元。盛新锂能主营业务为锂矿采选、基础锂盐和金属锂的生产与销售。

此次双方主要围绕原材料购销合作、原材料加工合作等方面展开,并明确了"双方将优先保障对方采购与供应""提供优惠价格""比亚迪优先委托盛新锂能进行锂矿资源加工""盛新锂能优先保障比亚迪的锂盐加工产能"等条件。

换言之,比亚迪有望就此锁定盛新锂能的"长协合同"。这比外部市场化采购的成本更低,同时原料供给的稳定度也会显著提升。

近年来，比亚迪购买了多家锂电池及其他新材料生产厂家的股份，如表2-21所示。

表2-21 比亚迪持有上游企业股份一览表

序号	参股对象	主营业务	持股比例
1	合力泰科技股份有限公司	新型显示器、柔性线路板	11.11%
2	湖南裕能新能源电池材料股份有限公司	锂离子电池正极材料	3.95%
3	贵州安达科技能源股份有限公司	磷酸铁、磷酸铁锂生产及销售	1.94%
4	碳一新能源集团有限责任公司	锂电池材料生产商	5.9725%
5	河北金力新能源科技股份有限公司	锂离子电池隔膜材料生产商	2.24%
6	上海紫江新材料科技股份有限公司	锂离子电池用铝塑膜生产与销售	3.87%
7	重庆中润新材料股份有限公司	锂电池溶剂生产商	2.5441%
8	西藏日喀则扎布耶锂业高科技有限公司	锂矿、硼矿开采，锂硼系列产品的开发	18%

除了在国内动作频频，比亚迪在国外也积极寻找着锂矿资源，例如比亚迪在非洲觅得6座锂矿矿山，目前均已达成收购意向。在这6座锂矿中，品位2.5%的氧化锂矿石量达到了2500万吨以上，如果折算为碳酸锂可达100万吨。

综上所述，比亚迪通过厂家合伙模式打造了闭环的产业链，不仅生产新能源车，还生产动力电池。

比亚迪是世界500强企业，无论其处于产业链哪个环节，均有一定的话语权，毕竟销量巨大。那么，对于缺少话语权的中小企业，能否用上游厂家合伙模式把相关利益方联结在一起呢？下面分享一个我们曾经策划并实施的真实项目案例。

案例2-12 某医药流通企业通过送股与购股相结合模式，整合了15家上游厂家

某公司(以下简称"公司")是医药流通企业，其上游为国内大大小小的生产厂家及国外厂家驻华办事处的采购经理。公司近两年销售增长率均超过50%，且有投资机构即将投资入股，发展前景光明。为了解决上游厂家提价的问题，公司决定对上游厂家按照其供货量进行股权激励，把厂家变为合伙人。

一、送股

1. 签订采购合同

上游厂家与公司签订《××公司生态链合伙人股权激励协议》，约定目标合同额，公司于每年春节前核算上年度全体厂家的实际完成额，厂家按实际完成额置换公司的实股，为方便核算公司把实际完成合同额分成存量及增量两部分。

2. 送股上限

送股上限为公司股份的【10%】，预留【5.0%】。

3. 送股期限

2019年1月1日至2021年1月1日为送股期限，共【2】年。

4. 送股价格

【零】元/股，即免费赠送。

5. 送股比例

实际完成额的存量部分以【300】万元为门槛，对应不同的送股比例，如表2-22所示。

表2-22　合伙人合同额存量换股权对应比例

当年实际完成合同额X	股份比例
300万元≤X＜500万元	0.15%
500万元≤X＜1000万元	0.30%
X≥1000万元	0.50%

实际完成合同额的增量部分以【100】万元为门槛，对应不同的送股比例，如表2-23所示。

表2-23　合伙人合同额增量换股权对应比例

增量Y(当年实际完成合同额-上年度实际完成合同额)	占公司股份比例
100万元≤Y＜300万元	0.20%
300万元≤Y＜500万元	0.40%
500万元≤Y＜800万元	0.60%
800万元≤Y	0.80%

举例1：2019年，厂家A目标合同额为1200万元，当年实际完成额为900万元，去年实际完成额为820万元，则厂家A存量实股占公司股份比例为0.30%，增

量实股占公司股份比例为0%，即2019年厂家A共获得公司的实股奖励占公司股份比例为0.30%。

举例2：2019年，厂家B目标合同额为400万元，当年实际完成额为700万元，去年实际完成额为300万元，则厂家B存量实股占公司股份比例为0.30%，增量实股占公司股份比例为0.40%，即2019年厂家B共获得公司的实股奖励占公司股份比例为0.70%。

二、购股

1. 购股期限

2019年1月1日至2022年1月1日为购股时间，共【3】年。

2. 购股条件

(当年实际完成额-上年度实际完成额)/上年度实际合同额≥【50%】。

3. 购股比例

某厂家购股比例上限=【2.0】×上年度获得的送股比例。

4. 购股价格

(1) 公司未发生外部融资前，根据公司营业收入确定购股价格，如表2-24所示。

表2-24　外部融资前厂家购股价格

公司营业收入Z	每股价格
1.0亿元≤Z＜3.0亿元	3.00元
3.0亿元≤Z＜5.0亿元	5.00元
Z≥5.0亿元	8.00元

(2) 公司发生外部融资后，因产生市场公允价格，厂家购股价格=【60%】×公司最近一轮融资的每股价格。

5. 出资批次

厂家须一次性出资，公司业务部与厂家确认具体入股金额后，公司财务部应在【15】日内通知厂家完成购股，逾期视同放弃其权利。

举例：2020年公司注册资金为500万元，公司营业收入为2.5亿元，厂家A目标合同额为1500万元，实际完成额为2500万元，符合购股的规定。假如获得送股比例为0.5%，因此可购股比例上限=2.0×0.5%=1.0%。

测算1：公司未进行外部融资，某上游厂家出资购买金额=500×1.0%×

3.0=15.0(万元)。

测算2：公司进行外部融资，注册资金由500万元增加到750万元，外部投资人以10.0元/股的价格购买公司股份，某上游厂家出资购买金额=750×1.0%×10×60%=45.0(万元)。

供应商合伙模式与厂家合伙模式有什么联系及区别呢？

我认为，这两种模式均属于上游合伙的范畴，其区别如表2-25所示。

表2-25　供应商合伙模式与厂家合伙模式的区别

比 较 维 度	供应商合伙模式	厂家合伙模式
本质	中间商	终端商
内容	供应商提供原材料，企业采购后须进一步加工成产品。整个过程类似于"化学反应"	厂家提供成熟的产品，企业不改变原产品的主要性能指标，即可直接销售。整个过程类似于"物理反应"

三、债转股合伙模式

债转股合伙模式，是指企业(债务人)把欠外部单位或个人(债权人)的借款、货款、实物或资产等，经评估后转为企业股权的合伙模式。

在本书中，我把债权人界定为企业的"上游"。

从财务角度来看，以借款为例，债转股本质上是企业把资产负债表当中的"其他应付款"直接转为"实收资本"。请思考，这种做法会涉税吗？

债转股是企业常用的出资方式，以债权出资应符合4个条件，如图2-8所示。

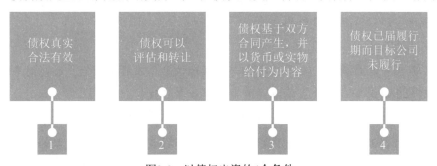

图2-8　以债权出资的4个条件

(一) 债转股的法律规定

1. 民法典

《民法典》第五百六十八条规定："当事人互负债务，该债务的标的物种类、品质相同的，任何一方可以将自己的债务与对方的到期债务抵销；但是，根据债务性质、按照当事人约定或者依照法律规定不得抵销的除外。当事人主张抵销的，应当通知对方。通知自到达对方时生效。抵销不得附条件或者附期限。"

2. 公司法

目前《公司法》不允许以债权出资，既不能直接将债权作为货币出资，也不能代替实物及其他形式出资。

可喜的是，债权不能出资的难题可能被我国立法机关终止。

2023年12月29日，十四届全国人民代表大会常务委员会第七次会议表决通过了新《公司法》，新增了"股权、债权"的出资方式。新旧《公司法》关于股东出资方式的对比如图2-9所示。其实，以股权方式出资早在2014年的《公司注册资本登记管理规定》中就得到认可。

《公司法》(2018年)	《公司法》(2024年)
第二十七条 股东可以用货币出资，也可以用实物、知识产权、土地使用权等可以用货币估价并可以依法转让的非货币财产出资。但是，法律、行政法规规定不作为出资的财产除外。	**第四十八条** 股东可以用货币出资，也可以用实物、知识产权、土地使用权、**股权**、**债权**等可以用货币估价并可以依法转让的非货币财产作价出资；但是，法律、行政法规规定不得作为出资的财产除外。

图2-9 新旧《公司法》关于股东出资方式的对比

在一些司法裁判中，针对债转股，各级人民法院曾提出过一些富有前瞻性和建设性的观点。

例如，(2020)吉民申694号《民事裁定书》认为："法律并未限制股东以债权出资，并且债权具有实际价值。"

例如，(2018)豫0523民初451号《民事判决书》提出："大部分出资款为应收账款或其他应收账款出资。"这是人民法院站在债权人的角度，做出的民事判决。

综上所述，人民法院似乎对当事人以债权出资的事实进行了有条件的承认。

(二) 债转股的税务规定

1. 增值税

根据《中华人民共和国增值税暂行条例》第一条："在中华人民共和国境内销售货物或者加工、修理修配劳务(以下简称劳务)，销售服务、无形资产、不动产以及进口货物的单位和个人，为增值税的纳税人，应当依照本条例缴纳增值税。"因此，债转股不属于增值税应税行为，不涉及增值税。

2. 企业所得税

假设C公司系D公司的上游供应商。2022年5月，D公司欠C公司采购款1000万元。

2022年8月，D公司为融资考虑，需要改善其资产负债状况，两公司经协商达成一致意见：C公司将其对D公司的1000万元债权(注：未计提坏账准备)折价为800万元对D公司投资，其中，600万元计入注册资本，200万元计入资本公积。

对债转股进行税务处理时，将债转股分解为债务清偿和股权投资两项业务，确认有关债务清偿所得或损失。

因此，C公司应当确认200万元的债务重组损失，并确认800万元的长期股权投资，对于债务重组损失的200万元可以税前扣除(依据国家税务总局公告〔2011〕25号)。

D公司应当确认200万元的债务重组所得，并确认600万元的新增注册资本及200万元的资本公积，D公司应对确认的债务重组所得200万元，按25%税率(50万元)计缴企业所得税。

C公司及D公司的会计分录如表2-26所示。

表2-26 两个公司的会计分录

C 公 司	D 公 司
借：长期股权投资 800万元 　　营业外支出　　200万元 　贷：应收账款　　　1000万元	借：应付账款　　1000万元 　贷：实收资本　　　　600万元 　　　资本公积　　　　200万元 　　　营业外收入　　　200万元

以上是依据一般性税务规定进行处理的，C公司及D公司也可以选择适用特殊性税务规定进行处理。这种情况下，C公司及D公司应当向主管税务机关提交书面备案资料，证明其符合各类特殊性重组规定的条件，企业未按规定书面备案的，一律不得按特殊重组业务进行税务处理。至于特殊性税务处理的相关内容，本书就不展开了。

3. 印花税

按照《中华人民共和国印花税法》(2022年7月1日起实施)的相关规定，D公司仅需就新增资本和公积金计缴0.25‰的印花税，C公司无须缴纳印花税。

案例2-13 对于实朴检测公司的"债转股"，如何计算股权比例

2016年10月，实朴检测技术(上海)股份有限公司(以下简称"实朴有限")，成立于2008年1月，是一家以土壤检测和地下水检测为专业特色的第三方检测机构。

实朴有限为解决业务发展的资金缺口，向上游的供应商——江苏华阳金属管件有限公司(以下简称"华阳金属")借款1000万元，年化利息率为6.0%，实朴有限共向华阳金属支付利息96.30万元。

2018年1月，实朴有限的股权架构如表2-27所示。

表2-27 实朴有限的股权架构(2018年1月，摘自招股说明书)

序　号	股东名称	出资额/万元	出资比例/%
1	实谱(上海)企业管理有限公司	1012.50	67.50
2	上海为丽企业管理有限公司	170.00	11.33
3	上海宜实企业管理咨询合伙企业(有限合伙)	87.50	5.83
4	镇江沃土一号基金合伙企业(有限合伙)	80.00	5.33
5	龙正环保股份有限公司	62.50	4.17
6	石家庄宁乾投资中心(有限合伙)	62.50	4.17
7	上海锡惠投资有限公司	25.00	1.67
	合计	1500.00	100.00

1. 债转股的定价

(1) 2018年5月31日前，根据实朴有限经营情况决定是否将该1000万元债权转为股权。

(2) 实朴有限估值为2017年度审计报告扣除非经常性损益净利润的15倍。

2018年5月，华阳金属实现债转股，按实朴有限2017年度审计报告扣除非经常性损益后净利润的15倍测算，实朴有限投前估值为4.11亿元。需要注意的是，此处是投前估值，不是投后估值。投前估值与投后估值的关系：投后估值=投前估值+债转股金额(注：长期借款金额)=4.11亿+0.1亿=4.21亿(元)。

2. 债转股的占比

华阳金属以增资方式进入实朴有限，持股比例=0.1亿/4.21亿≈2.38%。

再计算新增加多少注册资金，设新增注册资金为X，$X/(1500+X)=2.38\%$，可以推出$X=1500 \times 2.38\%/(1-2.38\%)\approx36.57$(万元)，因此本次华阳金属定增的价格=1000/36.57≈27.34(元/股)。

2018年8月，债转股后，实朴有限的股权架构如表2-28所示。

表2-28　实朴有限的股权架构(2018年8月)

序　号	股 东 名 称	出资额/万元	出资比例/%
1	实谱(上海)企业管理有限公司	1012.50	65.90
2	上海为丽企业管理有限公司	170.00	11.06
3	上海宜实企业管理咨询合伙企业(有限合伙)	87.50	5.69
4	镇江沃土一号基金合伙企业(有限合伙)	80.00	5.21
5	龙正环保股份有限公司	62.50	4.07
6	石家庄宁乾投资中心(有限合伙)	62.50	4.07
7	江苏华阳金属管件有限公司	36.57	2.38
8	上海锡惠投资有限公司	25.00	1.63
	合计	1536.57	100.00

2022年1月28日，实朴有限在创业板成功上市，股票代码为301228，发行价格为20.08元。

案例2-13中，华阳金属采取增资方式进入实朴有限，不会涉税。思考：假设华阳金属把1000万元借款以股权转让方式完成对实朴有限的出资，是否涉税呢？

其实，债转股后，实朴有限降低了资产负债率，增加了注册资金，但是没有了现金流的支持。

第三节
同行合伙模式

俗话说，没有永远的敌人，只有永远的利益。

2023年8月9日，比亚迪第500万辆新能源汽车正式下线，成为全球首家达成这一里程碑的车企。

比亚迪发布会背景板上的文字意味深长：在一起，才是中国汽车。发布会现场摆了很多辆同行车，红旗、东风汽车摆在中间，还有长安、长城、奇瑞、蔚来、理想、小鹏等品牌汽车，如图2-10所示。

从发布会的布置，我们可以看出比亚迪老板王传福的胸怀与格局，同时也说明了一个道理：同行不是冤家，双赢才是王道。

图2-10　比亚迪发布会上的中国汽车

让同行成为合伙人有两种方式：一是非股权合作，比如具有行业优势地位的企业帮助同行解决某方面问题，进而赚取一定的供应链服务费或信息费，如京东小店及贝壳找房；二是股权合作，或称为股权收购，如2015年滴滴收购快的、2016年锦江酒店收购维也纳酒店、2017年美年大健康收购慈铭。我认为最有效的方式还是第二种。

对于收购方而言，股权收购有两个好处：一是消除同业竞争；二是形成规模效应。而对于被收购方来说，变现走人、寻找新赛道未尝不是一种明智选择。被收购方一般会被要求签订附条件的竞业禁止协议。

总之，双方要有可交换的筹码；否则，同行合伙成功概率较低。

基于以上分析，我把同行合伙模式分为三种类型，如图2-11所示。

图2-11　同行合伙模式的三种类型

一、平台业务合伙模式

《乔家大院》中的孙茂才原本是一个满腹经纶却依靠卖花生为生的穷书生，机缘巧合下结识了乔致庸。

孙茂才自踏入乔家之后，很快就成了"东家"的左膀右臂，不仅在经商的舞台上充分展示了自己的才华，还在乔家危难之时跟随乔致庸走南闯北，一同经历了匪徒劫杀、同行陷害、官府欺压等困境，展示了过人的胆识与谋略，使乔家转危为安，生意重现生机，可谓历尽艰辛，功不可没。

就在乔致庸雄心勃勃扩大生意版图时，却发现曾与自己并肩作战的孙茂才与竞争对手串通、克扣工钱，做出种种违背道德之事。

最终孙茂才净身出户。他来到竞争对手达盛昌商号，试图东山再起。

对此，崔鸣十掌柜说："不是你成就了乔家，而是乔家这个平台成就了你！没有乔家平台，你至今还是那个在考场上卖花生的穷秀才！"

这个故事生动地说明平台的重要性。

那么，什么是平台企业呢？

百度百科是这样定义的："平台企业提供网络的底层技术和基础，不参与核心价值的创造，但连接核心价值的创造者和用户，相当于中间商。平台是一种网络关系。"

平台业务合伙模式，是指一方为平台，参与方为个人或公司，平台基于海量资源、大数据、供应链或信息，为各参与方提供一个相遇和交互的线下或线上的场所，使各参与方可以在平台上进行安全、高效的交易，平台根据服务的内容收取一定佣金的合伙模式。

该模式不需要参与方单独注册新公司，本质上是平台与参与方签订的居间合同或商品供应协议，且平台与参与方不存在明确的劳动关系。

案例2-14 **京东如何为百万家"夫妻便利店"赋能**

数以百万计的"夫妻便利店"，构成了零售行业的毛细血管，是老百姓最后一公里的真正落脚点。因此，包括京东在内的大型企业，几年前就开始争相"拉拢"夫妻便利店，通过数字化赋能等方式，帮助其提升效率。

2023年伊始，"夫妻便利店"又成为重要的战场。2023年1月4日，京东发布"春晓计划"(如图2-12所示)，面向个人开放入驻"京东小店"的通道。个人可通过京东App、京麦App、京东招商小程序、京东招商微信公众号等移动端注册"京东小店"，仅需要提供身份证号和手机号，最快10分钟成功开店。

最终，京东要做的事情是把"夫妻便利店"收编并改造为"京东小店"。

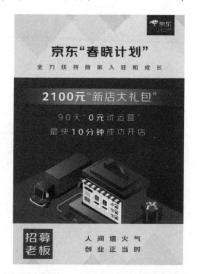

图2-12 京东"春晓计划"宣传海报

与此同时，对于"京东小店"大部分类目商品，新商家可享长达90天的"0元试运营"政策，期间无须缴纳保证金。"京东小店"所有商家也无须缴纳固定平台使用费；对于其中约60%类目的商品，商家还可享受零技术服务费率；对于部分类目商品，商家保证金降幅达80%。

事实上，对于夫妻便利店而言，资金储备只是创业门槛之一，而稳定高效的供应链，是生意维系的基础。但夫妻便利店在供应链方面毫无优势，他们的货量小，还需要单独配送，品类的丰富性和时效性也比不过连锁店，自然在产业链中没有话语权。

"春晓计划"瞄准了这个"痛点"。从2023年1月起，"京东小店"的个人经营者可以和京东签约，享受京东仓储配送一体化供应链服务，提升履约能力。"春晓计划"对京东小店的赋能流程如图2-13所示。

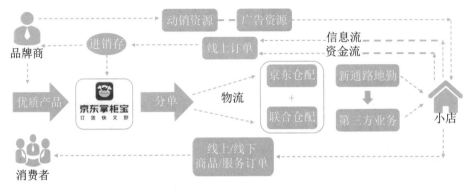

图2-13　"春晓计划"对京东小店的赋能流程

通过"春晓计划"，京东进一步拓宽了"蓄水池"。数以百万计的"夫妻便利店"得到了先进供应链资源的加持，同时也为京东带来新的增长点。

"夫妻便利店"加入京东，能为消费者带来更丰富的商品、更便捷的零售体验，从而实现更好的用户留存。毕竟，在电商"人""货""场"三元素中，人永远是排在首位的。

京东小店模式通过供应链赋能将同行的"夫妻便利店"变为合伙人，而贝壳找房则通过线上房源数据库及线上业务流程标准化把房产经纪同行变为合伙人。

案例2-15　贝壳找房如何整合房产经纪同行，把39万经纪人变为合伙人

2018年4月，贝壳找房成立，它脱胎于链家，既保留链家的自营业务，也以平台模式推出加盟品牌"德佑"，吸引各地中介机构入驻。

贝壳找房作为独立的第三方交易平台，立足于成为"房产领域的淘宝"，向所有地产中介公司开放资源。

1. 房产经纪行业的问题

(1) 小型房产经纪公司常因房源、客源有限而陷入信息孤岛，具有低效的交易匹配率、高涨的端口运营成本等问题。

(2) 经纪人独得成交佣金，这让经纪人之间相互提防，"切客""截胡"等手段层出不穷。

2. 如何整合房产经纪人

如何化敌为友，改变中介行业低效的竞争格局？贝壳找房主要做了两件事：一是建立真房源数据库，推动产业链在线化；二是用ACN(agent cooperation network，经纪人合作网络)推动信息共享和经纪人合作，推动整个业务流程的标准化。

ACN不同于以往的成交者独得佣金的规则，根据服务链条划分为10个角色：房源方包括5个角色(如图2-14所示)，客源方包括5个角色(如图2-15所示)。

图2-14 房源方的5个角色

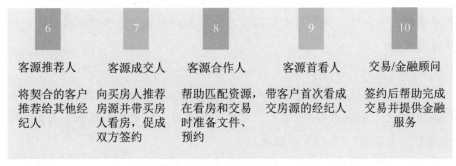

图2-15 客源方的5个角色

交易若能完成，参与其中任意一个环节的经纪人可以分得一定比例佣金。参与环节越多，则收益越多，这有助于减少经纪人之间的无序竞争，为用户提供标准化服务。

通过ACN模式，贝壳找房拥有4.05万家门店，整合的房产经纪同行品牌超过200个，把同行39万个经纪人变为合伙人。

3. 如何保证公平

那么，贝壳找房既做自营又做平台，兼任"裁判"及"运动员"，是否能够保证公平？小的中介品牌加入贝壳后，将部分信息共享给平台，会不会得不到利益？对此，贝壳找房出台了4项措施来保证公平性，如图2-16所示。

图2-16 贝壳找房保证公平性的4项措施

(1) 推出30多项保障承诺。例如交易不成退代理费、房屋漏水保固补偿、7天无忧退房、退意向金先行垫付等。

(2) 设立贝壳分机制。在商机分配层面，贝壳找房推出贝壳分机制。在贝壳找房平台，品牌、店东、经纪人都拥有自己的贝壳分，分数越高，获得平台的支持就越多。

(3) 设立规则委员会。在每个城市里，贝壳找房会让入驻贝壳的品牌和机构一起成立规则委员会。

(4) 成立店东委员会。根据贝壳分随机选举出店东委员会，一起参与裁决，如果涉事店东不合作，甚至恶意侵犯了其他店东的利益，平台可以通过退出机制将其逐出平台。

4. 如何赚钱

2022年，贝壳找房实现营业收入607亿元，营业收入构成分为4个部分：存量房业务241亿元、新房业务287亿元、家装家居业务51亿元、新兴业务及其他28亿元(如金融、社区等)，如图2-17所示。

贝壳找房向入驻中介品牌收取的平台费都来自于成交佣金。对于新房买卖业务，贝壳找房通常收取成交佣金的15%～20%，对于二手房买卖业务则收取佣金的3%左右。

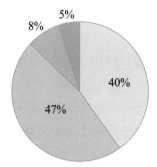

图2-17 2022年贝壳找房营业收入构成

除了贝壳找房，高德打车也采取平台业务合伙模式。

2017年5月，高德打车首创并推出了聚合打车模式，目前旗下的网约车平台共有112家，包括滴滴、神州专车、曹操专车、AA出行、阳光出行、T3出行等。

2023年上半年，高德打车日均活跃用户数达到1.5亿人，日均订单量约为800万单(注：滴滴出行日均订单量约2500万单)。

而高德打车与贝壳找房的不同之处在于，前者只做聚合平台，只当"裁判"，不做"运动员"。

二、分次控股合伙模式

分次控股合伙模式，是指为消除同业竞争，处于行业领导地位的一方，向其他方发起分次收购其股权的要约请求，其他方基于自身转型需要或共享同行资源之考虑，同意以现金、股权或其他方式作为对价的合伙模式。

此模式特点是"分次"，背后的逻辑在于对被收购同行企业有个逐步认识的过程，表现为"先参后控"，比如第一次收购股份比例低于50%，熟悉被收购同行企业的经营情况及财务信息后，视情况后期再增资，持股比例逐步提高至51%以上，以达到控股之目的。或者，第一次收购股份的比例高于50%，后期再实现完全控制，例如持股比例达到67%或100%。

对于被收购同行企业来说，有舍即有得，要么变现退出，要么丧失控制权，但大树底下好乘凉，"抱大腿"不失为另一种选择。

我分享一个以"蛇吞象"方式分次收购行业老大的经典案例。

案例2-16 美年大健康如何分次控股行业龙头

1991年1月，美年大健康产业控股股份有限公司(以下简称"美年大健康"，证券代码：002044)成立，其主营业务是为企业和个人客户提供健康体检、疾病评估、就医、健康咨询等一系列服务。

2015年3月，美年大健康通过江苏三友借壳上市，当时国内体检连锁机构慈铭体检、美年大健康、爱康国宾(2014年4月在美国纳斯达克上市)三强鼎立。

作为国内最大的专业体检及医疗服务集团，美年大健康的发展壮大始终伴随着资本力量和一系列对同行"先参后控"的并购整合。

一、分次并购慈铭体检

2014年11月，美年大健康的全资子公司——美年大健康产业(集团)有限公司与慈铭健康体检管理集团有限公司(以下简称"慈铭体检")签订股权收购协议，拟分2次收购慈铭体检100%股份，慈铭体检总估值为36亿元。

1. 第1次收购慈铭体检27.78%的股权

该部分股份估值为10亿元，这次收购既锁定双方合作，也不影响美年大健康自身上市进程，可谓精妙。

若当时，一步到位完成美年大健康对慈铭体检的合并或控股，将构成《企业会计准则第33号——合并财务报表》项下的"企业合并"，由于慈铭体检与美年大健康资产体量相当，将引发上市进程中较多问题，在一定程度上会延缓美年大健康上市进程，双方合作的出发点和期望效果也无法很快达到，欲速则不达。

2. 第2次收购慈铭体检72.22%的股权

该部分股份估值为26.97亿元，由上市公司——美年大健康收购，慈铭体检创始人韩小红及李世海变现退出。其实，对慈铭体检及其股东而言，通过这次收购既收获部分退出现金，又一只脚踏进上市公司门里，后续还保留成为上市公司股东的操作空间，是自身IPO失利后的不错选项。

而上市公司本身也保留了重大增发和并购题材，在股市向好情况下留有想象空间。

2016年前，美年大健康并购慈铭体检时使用自有资金；2016年后，美年大健康开始思考如何让社会资金也参与其中，并贡献当地的人脉及资源。

于是，2016年10月及2019年4月，美年大健康分别成立两只并购基金——嘉兴信文淦富股权投资合伙企业(有限合伙)及南通美舜健康产业合伙企业(有限合伙)，以吸纳更多投资人加入，投资人则以合伙人身份提供当地资源。

二、基金分次并购的步骤

例如，美年大健康对东莞松山湖美嘉尔门诊部有限公司(成立于2018年5月，注册资金为2000万元)的并购就采取了有限公司+基金分次控股合伙模式。

1. 参股

2018年10月，美年大健康的全资子公司深圳美年大健康管理有限公司及南通美舜健康产业合伙企业(有限合伙)分别持有东莞松山湖美嘉尔门诊部有限公司10%及7.45%股权。参股后，东莞松山湖美嘉尔门诊部有限公司的股权架构如表2-29所示。

表2-29　东莞松山湖美嘉尔门诊部有限公司的股权架构(参股后)

序 号	股 东 名 称	认缴出资/万元	出资比例	实缴金额/万元
1	南通美舜健康产业合伙企业(有限合伙)	149	7.45%	149
2	研计(上海)企业管理有限公司	671	33.55%	671
3	深圳美年大健康管理有限公司	200	10%	200
4	方勇军	980	49%	980
	合计	2000	100%	2000

深圳美年大健康管理有限公司10%的股权在会计处理上以"可供出售金融资产"科目入账。如此操作后，东莞松山湖美嘉尔门诊部有限公司产生的亏损不会并表计入上市公司主体，不会对上市公司净利润产生影响。

2. 控股

2022年10月，深圳美年大健康管理有限公司以自筹资金人民币1960万元受让非关联股东方勇军持有的东莞松山湖美嘉尔门诊部有限公司49%股权，完成控股及合并报表后的股权架构如表2-30所示。

表2-30 东莞松山湖美嘉尔门诊部有限公司的股权架构(控股后)

序 号	股 东 名 称	认缴出资/万元	出资比例	实缴金额/万元
1	南通美舜健康产业合伙企业(有限合伙)	149	7.45%	149
2	研计(上海)企业管理有限公司	671	33.55%	671
3	深圳美年大健康管理有限公司	1180	59%	1180
	合计	2000	100%	2000

此时，深圳美年大健康管理有限公司持股比例由原来的10%增至59%，在会计处理上以"长期股权投资"科目入账。此时，东莞松山湖美嘉尔门诊部有限公司未来有利润分配，深圳美年大健康管理有限公司可确定为投资收益。

但诡秘的是，收购时东莞松山湖美嘉尔门诊部有限公司净利润为负，如表2-31所示。

表2-31 东莞松山湖美嘉尔门诊部有限公司经营数据

项 目	2021年度/万元	2022年1—7月/万元
营业收入	3643.53	1275.04
营业利润	387.29	−352.44
净利润	387.29	−352.44

我推测，之所以这样操作，很可能是从税务方面进行考虑的，因为在本轮股权转让中原股东方勇军可以免交个人所得税。

东莞松山湖美嘉尔门诊部继续运营几年之后，深圳美年大健康管理有限公司将继续收购南通美舜健康产业合伙企业(有限合伙)及研计(上海)企业管理有限公司分别持有的7.45%及33.55%的股权，直至100%持股。

相比于健康体检行业，其实医药行业的收购兼并也做得风生水起，例如国药集团、九州通医药集团、一心堂医业、老百姓大药房等。它们都是运营同行合伙模式的佼佼者，是资本运作的高手，其方法值得我们好好研究。

案例2-17 老百姓大药房的"星火并购"模式，让同行成为同事

"2022—2023年度中国药店价值榜100强"发布，老百姓大药房连锁股份有限公司(以下简称"老百姓大药房"，证券代码：603883)位居第三。

老百姓大药房成立于2001年，2022年销售收入约201.76亿元。截至2023年9月，老百姓大药房拥有11 231家门店。

老百姓大药房通过"星火并购模式"，聚焦优势区域，收购当地"星火"门店，即同行门店。"星火并购模式"是指老百姓大药房以控股方式购买标的药房企业股权，当条件成就时，再收购剩余股权的资本运作模式。此运作可分为以下三步。

第一步，收购部分股权

鉴于自建门店需要选址、装修以及培育客户，无法短期内提升业绩，不如并购现有门店方便，快速实现跨省扩张。

老百姓大药房的资本运作能力还是很强的。例如：2016 年 6 月 2 日，老百姓大药房以1.3亿元收购扬州市百信缘医药连锁有限公司 65%股权；2017 年 9 月 30日，老百姓大药房以2.7亿元收购通辽泽强大药房连锁有限公司51%股权；2017年11月28日，老百姓大药房以6760万元收购镇江华康大药房连锁有限公司65%股权，如图2-18所示。

> 2017 年 11 月 28 日，华康大药房召开股东会，同意股东胡建中将其持有的303万元股权以 6,302.4 万元的价格转让给新股东老百姓，吴春红将其持有的 22 万元股权以 457.4 万元的价格转让给新股东老百姓，免去胡素琴、黄晓红、钱惠君董事职务，重新选举了冯砚祖、王黎、张林安、吴春红为董事，王黎为董事长，免去张爱霞监事职务，重新选举朱景炀、钱惠军为监事，重新制定并通过了公司章程。

图2-18　老百姓大药房收购镇江华康大药房连锁有限公司65%的股权

第二步，植入优势资源

并购后进行企业整合，通过供应链和管理模式的改进提升被收购药店的运作效率。

第三步，收购剩余股权

老百姓大药房取得标的企业的控股权后，并不必然收购少数股权，也没有明确收购少数股权的时间。老百姓大药房是否会进一步收购少数股权取决于以下几个因素：上市公司基于行业竞争态势在各区域市场制定的整合战略；收购控制权后标的公司的经营效率和经营业绩；标的公司创始人是否有退出意愿；是否持续保有充足的工作激情和工作精力，是否持有与时俱进的管理理念。

2021年7月16日，老百姓大药房董事会同意以现金3626.18万元收购镇江华康大药房连锁有限公司 35%的股权，如图2-19所示。

老百姓大药房连锁股份有限公司

第四届董事会第五次会议决议公告

本公司董事会及全体董事保证本公告内容不存在任何虚假记载、误导性陈述或者重大遗漏，并对其内容的真实性、准确性和完整性承担个别及连带责任。

3、定价依据与交易价格

本次交易系参照以2021年3月31日为基准日各标的公司审计结果和评估结果，经公司与交易对方友好协商确定，本次交易的价格如下：

（1）华康大药房：参考华康大药房基准日的《审计报告》及《评估报告》，双方确定本次交易中华康大药房总估值（100%股权估值）为10 360.52万元，华康大药房35%股权估值及作价为3,626.18万元。

图2-19　老百姓大药房收购镇江华康大药房连锁有限公司剩余股权

为保证收购的公允性，老百姓大药房聘请审计机构对华康大药房交割日的净资产进行评估，中瑞世联资产评估公司出具了相应的资产评估表，如图2-20所示。

资产评估表（收益法）

		账面价值	评估值	增减值	增值率
		A	B	C=B-A	D=C/A×100%
流动资产	1	4 166.78			
非流动资产	2	2 634.22			
其中：长期应收款	3	10.60			
长期股权投资	4	500.00			
固定资产	5	220.98			
使用权资产	6	914.96			
长期待摊费用	7	955.94			
递延所得税资产	8	31.74			
资产总计	9	6 801.01			
流动负债	10	3 049.16			
非流动负债	11	386.86			
负债总计	12	3 436.03			
股东全部权益	13	3 364.98	14 600.00	11 235.02	333.88%

图2-20　对华康大药房的评估

经评估，华康大药房100%股权的账面净资产为3630.71万元，评估价值为

1.46亿元，增值率为302.13%。因此，老百姓大药房须向华康大药房补的差额=(14 600-10 360.52)×35%≈1483.82(万元)。

至此，镇江华康大药房连锁有限公司成为老百姓大药房的全资子公司，原股东胡建中套现离场。

我认为，老百姓大药房本次收购少数股权在对价上相当"划算"，依据交易对价和标的企业2020年净利润计算，本次收购华康大药房的PE(市盈率)为9.94倍，低于行业平均水平约20倍。

三、100%控股合伙模式

100%控股合伙模式，是指为消除同业竞争，处于行业领导地位的一方，向其他方发起一次性收购其100%股权的要约请求，其他方基于自身转型需要或共享同行资源之考虑，同意以现金、股权或其他方式作为对价的合伙模式。

在实操中，实施100%控股合伙有三个注意点。

(1) 收购方要有足够的资金或其他对价。

(2) 可能会遇到收购方高管团队的抵制，因为100%收购同行(注：不同于纯投资人收购，对现有人员的依赖度较大)，往往伴随着人员的"大清洗"，虽然老板或股东能享受到收购的好处，但高管团队可能面临着下岗或失业的风险。

(3) 签订对赌协议。100%收购股权不同于分次收购。在分次收购模式中，收购方先购买部分股权，对并购方企业熟悉后，可以选择100%控股，也可以选择果断离场；而一次100%控股收购后，收购方没有退路。因此，在100%控股合伙模式中，投资人一般会和被收购方从事经营管理的主要股东签订对赌协议(注：有时签订对赌协议的对象也会扩大至某些掌握核心机密的高管，此时股东的利益与高管的利益是一致的，但还是要考虑在收购款中拿出一部分给高管做补偿)。

案例2-18 A公司100%收购B公司股权，消除同行竞争

A公司成立于2015年5月，目前注册资金为6250万元，系我国高端免干燥发泡芯材的引领者，其产品作为高强度结构芯材广泛应用于风电、轨道交通、建筑

等领域。2022年，A公司销售收入超过5亿元，净利润约6000万元，客户主要为央企及地方电力公司。

2019年10月，某著名风险投资机构C对A公司投资2亿元，占20%股份，此时A公司股权架构如图2-21所示。

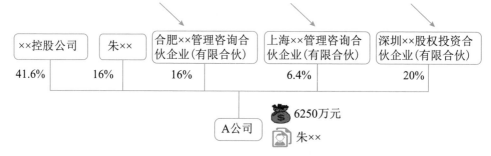

图2-21　A公司融资后的股权架构

2023年3月，A公司启动国内A股的上市计划。

截至2022年12月底，A公司的资产负债表(简表)如表2-32所示。

表2-32　A公司的资产负债表(简表)

单位：万元

实 收 资 本	6250
资 本 公 积	18 750
盈 余 公 积	2458
未 分 配 利 润	12 219
所 有 者 权 益	39 677

B公司系A公司的同行，成立于2017年9月，注册资金3000万元，B公司的商业模式与A公司相同，客户大部分为当地的电力公司，2022年销售收入为8500万元，净利润约1200万元。

B公司拥有两个自然人股东，郑某持有60%股份，钱某持有40%股份，两人以前为同事关系，年龄均超过65岁，但这两个股东的孩子均不愿意接班。随着年龄增大，两位股东对公司经营与管理越来越力不从心，有出让公司的想法。此时，A公司正在为上市谋划，且两家公司的客户互补，A公司打算100%持股并购B公司。

截至2022年12月底，B公司的资产负债表(简表)如表2-33所示。

表2-33　B公司的资产负债表(简表)

单位：万元

实收资本	3000
资本公积	0
盈余公积	1500
未分配利润	4581
所有者权益	9081

2023年3月，经双方谈判，最后确定以2022年底的报表为依据，A公司以部分现金+部分本公司股权模式，100%收购B公司。

收购意向确定后，双方委托专业的资产评估机构出具了评估报告，其净资产账面价值及评估值如表2-34所示。

表2-34　评估报告中的净资产账面价值及评估值

单位：万元

公司名	净资产账面价值	评估值
A公司	39 677	85 000
B公司	9081	14 000

经双方同意，A公司对B公司100%股权收购金额为1.5亿元，相当于12.5倍的PE(1.5亿/0.12亿)。

因此，A公司支付给B公司两位股东的对价=15 000×100%=15 000(万元)，其中包括5000万元现金和价值10 000万元的A公司的股权。

此时A公司估值为8.5亿元，郑某与钱某在A公司合计持有的股份比例=1.0/8.5≈11.76%。

收购完成后，郑某与钱某同意在A公司设立的D合伙企业(有限合伙)当中持股，GP为A公司的控股公司，LP为郑某与钱某。

其实，对于郑某与钱某而言，不参与经营，全身而退，又持有拟上市公司股权，不失为人生赢家！

接下来，D合伙企业(有限合伙)对A公司进行增资(注：A公司所有股东同意注册资金由6250万元增至7082.96万元)，持有11.76%股权，此时A公司的股权架构如图2-22所示。

图2-22 收购后，A公司股权架构

通过本次收购，A公司每年净利润为7200万元(6000+1200)。如果上市成功，按30倍PE计算，意味着A公司增加的"市值"=1200万元×30=3.6亿元。

最后注销B公司。至此，A公司通过100%收购同行企业方式，消除了外部同业竞争。

案例2-18中，A公司100%收购B公司的股权，且收购总价为15 000万元，其中股权支付金额为10 000万元，占66.7%，适用一般性税务处理方法。

假如股权支付比例大于85%，可以适用企业合并重组的特殊性税务规定。财税〔2009〕59号文件的规定，企业合并重组可适用于特殊性税务处理，享受递延纳税待遇，即合并双方不需要在交易当期承担企业所得税，而是递延至处置目标资产或股份时纳税。但必须同时符合5个一般条件，如图2-23所示。

图2-23 特殊性税务处理的5个一般条件

除了要同时满足图2-23所示的一般要件以外，企业合并重组时如果选择特殊性税务处理，需要同时满足以下2个特殊条件：收购企业购买的股权不低于被收购企业全部股权的50%；收购企业在该股权收购发生时的股权支付金额不低于其交易总额的85%。另外，特殊性税务处理的好处在于，可以在5个纳税年度的期间内，均匀计入各年度的应纳税所得额(即5年递延纳税)。

第四节
下游合伙模式

下游合伙模式，是指为了提升市场占有率或销售收入，企业通过业务合作或股权合伙，通过供应链、信息技术或品牌等资源为下游合作伙伴赋能的合伙模式。

从产业链来看，企业的下游主要包括经销商、代理商及客户等。我把经销商、代理商统称为"B端"或"小B端"，因其数量有限；把客户概括为"C"端，因其数量较多。企业选择与B端或C端合伙取决于企业的商业模式及业务特点。

下游群体的特点表现为两点：一是有能力，能独当一面，在当地有一定的资源；二是忠诚度较低，谁出的价格低就买谁的产品。

我把下游合伙模式划分为三种类型，如图2-24所示。

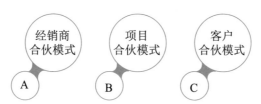

图2-24 下游合伙模式的三种类型

一、经销商合伙模式

经销商合伙模式，是指一方具有产品或品牌优势，其他方具有销售渠道或市场推广能力，在利益最大化的前提下，合作共创的合伙模式。

经销商合伙有两种类型：一是业务合伙；二是股权合伙。业务合伙表现为以返点或佣金方式结算。但这类合伙有个致命伤，即如果竞争对手的返点或佣金比你高，经销商就容易倒戈，易"见利思迁"。

股权合伙有两种：一是在某区域成立合资公司，总部持股比例超过51%，方便总部并表核算；二是经销商以真金白银投资入股，前提是总部的股权有价值或合资公司有资本规划，在实操中一般会规定当条件成熟时由总部溢价收购经销商持有的合资公司的股权。

案例2-19 泸州老窖的经销商卖股收入远超卖酒挣到的钱

泸州老窖是中国四大名酒之一，有"浓香鼻祖，酒中泰斗"之美誉。2022年底泸州老窖股份有限公司(以下简称"泸州老窖"，证券代码：000568)营业收入为251.24亿元，在19家白酒上市公司中排名第5。

一般来说，酒业公司激励下游经销商的最直接方式是返利或返佣金，变相增加了经销商的利润，但这样做的话，厂家与经销商的黏性不够，也注定关系不会持久。

有没有一种机制，既能增加经销商的利润，又能深度捆绑经销商，让经销商成为股东，并拥有上市公司或拟上市公司的股票呢？泸州老窖率先试水通过经销商入股绑定多方利益，后发展为柒泉模式助力公司发展，具体步骤如下所述。

1. 销量换股

泸州老窖以经销商的采购量或销售量按照一定比例折算为相应数量的期权，授予期为3年，即经销商获得的股份数量取决于他们创造的价值。

于是，泸州老窖的销售额不断上涨，股份数量及价格也不断上涨，而经销商发现股票价格大涨之后，进更多货，卖更多货，再进货，如此循环。

2. 定向增发

泸州老窖盘点所有经销商三年累积的销售量，并为其对应配置一定的公司股票。2006年6月，泸州老窖召开了临时股东大会，批准了对经销商激励的方案，如图2-25所示。

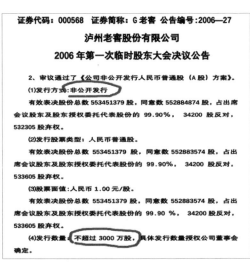

图2-25 对经销商的非公开定向增发股票

根据临时股东大会的决议，泸州老窖向10名特定投资者非公开定向增发3000万股，其中8家为经销商，授予价格为12.22元/股，锁定期为12个月。例如，激励对象之一——山东国窖酒业销售有限公司获得509.4万股(注：对应三年的累积的股票数量)，如图2-26所示。

(一) 山东国窖酒业销售有限公司

1、基本情况

企业性质：有限责任公司

注册地址：济南市市中区南外环收费站东邻

注册资本：208万元

主要办公地点：济南市市中区南外环收费站东邻

法定代表人：陈士芹

经营范围：批发、零售：常温保存酒，糖，茶，饮料；日用百货。

本次认购股份：509.4万股

图2-26 山东国窖酒业销售有限公司认购的股票数量

2006年9月27日，本次非公开发行股票申请经证监会发审委审核通过，如图2-27所示。

证券代码000568 证券简称：泸州老窖 公告编号：2006—37

泸州老窖股份有限公司

关于2006年度非公开发行股票申请获得中国证券监督管理委员会核准的公告

本公司及董事会全体成员保证信息披露内容真实、准确和完整，对公告的虚假记载、误导性陈述或者重大遗漏负连带责任。

泸州老窖股份有限公司2006年度非公开发行3000万股人民币普通股（A股）申请已获得中国证券监督管理委员会证监发行字[2006]113号文核准，公司将根据该文件精神在6个月内组织实施。

特此公告

泸州老窖股份有限公司

董事会

2006年11月9日

图2-27 证监会批准泸州老窖向经销商定增方案

经过泸州老窖大型经销商的带动，全国2000多家经销商自愿宣传泸州老窖，甚至向买茅台、五粮液的消费者提出买10件泸州老窖送2箱茅台或五粮液的优惠，让泸州老窖业绩大涨。

而与此同时，这些增发的股票于2017年12月10日解禁。

2008年，泸州老窖股价涨到76元/股，经销商都获得了惊人的回报。例如，山东国窖酒业销售有限公司股票变现收入(税前)=509.4万股×76元/股≈3.87亿元。

投入本金=509.4万股×12.22元/股≈6225万元。

账面浮盈=3.87-0.6225=3.2475(亿元)。

可见，卖股收入远超卖酒收入。

最终，泸州老窖与经销商实现了双赢。

3. 柒泉模式

2009年，泸州老窖再接再厉，将合伙对象拓展到销售人员和更多经销商。泸州老窖区域核心销售团队与当地经销商共同出资建立泸州老窖营销咨询管理有限公司(以下简称"柒泉营销公司")，根据各经销商入股前一年泸州老窖主打产品的销售额，确定其股权比例，并预留一定股权给新晋经销商。这就是有名的"柒泉模式"。

其中"柒泉"象征着7个销售区像7股泉水一样汇聚在一起。泸州老窖将终端销售"外包"给柒泉营销公司，并通过制度、合约、利益等进行约束。

柒泉营销公司由经销商担任董事长，泸州老窖原片区经理担任总经理并持有一定的股份，而泸州老窖原片区内的销售人员也成为柒泉公司的股东，并与泸州老窖解除劳动合同。

这是经典的由雇佣变合伙的模式！

请大家思考：泸州老窖是在上市成功后开始对经销商实施非定向增发股权激励的，但是，如果某公司在上市前对经销商进行股权激励，那么IPO审核时会有问题吗？

我找到一个案例，就是在公司IPO前对经销商进行股权激励的，希望对读者有所启示。

案例2-20 洋河股份的经销商在IPO前入股，成为最大赢家

江苏洋河酒厂股份有限公司(以下简称"洋河股份"，证券代码：002304)，中国白酒行业唯一拥有洋河、双沟两大"中国名酒"，两个"中华老字号"的企业。2009年，公司在深交所挂牌上市。近年来，公司经营发展质量不断提升，销售规模居行业前三甲。

洋河股份的发展，离不开前后两任董事长杨廷栋和张雨柏，在他们的领导下，昔日年营业收入2亿元的江苏宿迁小厂，2022年营业收入达到300多亿元，净利润率约为29%。

创始人的能力固然重要，但公司机制设计也不容小觑。一般来说，酒业公司的发展壮大离不开对经销商的股权激励。

2002年12月，洋河股份让经销商持股并成为上市的发起人。IPO前，洋河股份法人股东信息列表如表2-35所示。

表2-35 洋河股份法人股东信息列表(IPO前)

序 号	股 东	出资金额/元	持股数量/股	持股比例
1	江苏洋河集团有限公司	53 000 000	34 747 330	51.10%
2	上海海烟物流发展有限公司	15 000 000	9 834 150	14.46%
3	南通综艺投资有限公司	15 000 000	9 834 150	14.46%
4	上海捷强烟草糖酒(集团)有限公司	7 000 000	4 589 270	6.75%
5	江苏省高科技产业投资有限公司	3 000 000	1 966 830	2.89%
6	中国食品发酵工业研究院	1 000 000	655 610	0.96%
7	南通盛福工贸有限公司	1 000 000	655 610	0.96%
	法人股东小计	95 000 000	62 282 950	91.59%

其中，上海海烟物流发展有限公司和上海捷强烟草糖酒(集团)有限公司是其经销商，合计持股比例为21.21%。

一般来说，经销商忠实度较低，谁的供货价低，就卖谁的产品。只有让经销商能获得比钱更有价值的东西，他们才会放弃当下的利益，换取未来的价值。

这个未来价值就是成为拟上市公司的股东，因为卖股票比卖酒赚得更多。

在这种机制设计下，经销商积极销售洋河大曲，推动了洋河股份快速扩张及业绩增长。

经销商激励的最大风险在于利益输送的问题，特别是IPO前，涉及关联交易。一些拟上市公司因为说不清楚关联交易的逻辑，上市方案被证监会否决。

案例中的上市公司或大型企业资金充沛，手上的资源较多，对下游有强大的吸引力。那么，对于中小企业而言，如何用下游合伙模式让经销商成为紧密的合作伙伴，最终达到销量增加或市场占有率提升的目的？

2019年7月，笔者成功实施了一个医疗器材经销商合伙方案，这个方案的特点在于"用别人的钱干自己的活"及"对不同的经销商按其所贡献的年销量采取差异化的入股价格政策"。

我们咨询团队与企业经过多轮讨论，最终形成合伙方案。我摘取部分内容，在此分享给大家。

案例2-21　经销商持有销售公司39%股权且成为总部拟上市公司股东

某医疗器材公司F，主营业务为病房护理(呼叫)系统，注册资金为3000万元，2018年销售收入为3.23亿元，每年销售收入增长超过30%。F公司打算与规模较大的经销商合作，在当地成立销售公司。

一、经销商与F公司共同注册成立新的销售公司

1. 入围条件

经销商诚信度较高，经营管理能力较强，有一定的经济实力，不得销售与F公司相同或类似的产品，2019年当地销售收入达到2000万元，净利润达到100万元，团队成员超过5人。

经F公司确认，符合条件的经销商有10家。

2. 注册资金

销售公司注册资金为200万元，应一次性实缴到位。

3. 股权比例

F公司股份占销售公司总股份的51%，其他股份为经销商与其核心团队持有，其中经销商以新成立的有限公司(暂称之为"G公司")持有销售公司39%的股权，核心员工的股份由G公司代持。因此，销售公司的股权架构如表2-36所示。

表2-36 销售公司的股权架构

股 东	入股金额/万元	股份比例
F公司	102	51%
G公司	78	39%
核心员工(由G公司代持)	20	10%
合计	200	100%

4. 法定代表人

由当地的经销商担任法定代表人，销售公司负责该(省)或该地区的销售。

原来与医院结算的主体为F公司，为规避风险，现变更为销售公司。F公司可为各销售公司提供贷款担保。

二、经销商出资并成为F公司的合伙人/股东

鉴于F公司有新三板挂牌计划，全国各地的经销商均打算购买部分股份以赚取未来资本增值的收益。

1. 入股价格

截至2018年底，F公司的资产负债表(简表)如表2-37所示。

表2-37 2018年底F公司资产负债表(简表)

单位：元

实收资本(或股本)	30 000 000.00
资 本 公 积	0
盈 余 公 积	4 444 674.76
未分配利润	42 219 217.98
所有者权益(或股东权益)合计	76 663 892.74

根据F公司的净资产进行核算，原始股价格=76 663 892.74÷30 000 000.00≈2.56(元/股)。在此基础上，F公司的老板希望根据经销商贡献的年销量实行差异化的入股价格，如表2-38所示。

表2-38 经销商差异化入股价格

经销商贡献的年销量	每股价格/元
4000万元以上	2.56
3000万元～4000万元(含)	2.82(上浮10%)
2000万元～3000万元(含)	3.07(上浮20%)

2. 出资金额

(1) 在沟通过程中，有2家经销商放弃，最终8家经销商入股。

(2) 确定入围经销商的购股额度及实际购买数量，如表2-39所示。

表2-39　入围经销商购股额度及数量

经销商贡献的年销量	额度/万股	实际/万股
4000万元以上	70.0	70.0×1.0
3000万元~4000万元(含)	50.0	50.0×(销量/3000)
2000万元~3000万元(含)	35.0	35.0×(销量/3000)

(3) 按照经销商销量大小进行排序，形成了人员名单、股权数量额度、实际股权数量及入股价格，如表2-40所示。

表2-40　入围经销商出资一览表

经 销 商	销量/万元	额度/万股	实际/万股	每股价格/元	出资/万元
经销商1	4418	70.0	70.0	2.56	179.20
经销商2	3676	50.0	61.3	2.82	172.77
经销商3	3224	50.0	53.7	2.82	151.53
经销商4	2728	35.0	47.7	3.07	146.56
经销商5	2539	35.0	44.4	3.07	136.41
经销商6	2371	35.0	41.5	3.07	127.38
经销商7	2205	35.0	38.6	3.07	118.46
经销商8	2092	35.0	36.6	3.07	112.39

可以看出，经销商入股资金中最低的为112.39万元，最高的为179.2万元，均大于F公司对全国各销售公司的出资(注：F公司应认缴200万元×51%=102万元)。也就是说，F公司未出一分钱，拿经销商的钱完成了对全国各销售公司的实缴出资，真可谓"取之于民，用之于民"。

经销商要出两份钱，一份用于购买公司F股份，博取未来公司上市后的资本升值；一份用于销售公司49%股权的实缴出资。

另外，F公司对上述入围销售公司执行优惠的销售政策，例如，产品价格优惠10%、工程返点增加3.5%，前提是销售公司完成F公司下达的年度销售任务、利润指标。

三、销售公司考核要求及分红规定

1. 考核要求

(1) 自2019年度起算，5年内(或F公司上市前)销售公司的年度销售收入和税后利润复合增长率不得低于【20%】。如低于该任务数，F公司有权更换销售公司总经理，或由销售公司总经理/法定代表人以【1.5】倍经审计后的净资产为对价，收购F公司持有的全部【51%】股权。

(2) F公司在销售公司的股权全部退出后，销售公司总经理/法定代表人在F公司的股份将按审计后的净资产向F公司的大股东转让。

2. 分红规定

(1) 因F公司有上市规划，故每年须将销售公司净利润的【40%】给股东分红。

(2) 销售公司完成F公司下达的年度销售收入和销售利润指标后，F公司将从分得的利润中拿出【8%】奖励总经理，拿出【2%】奖励员工，如表2-41所示。

表2-41　销售公司分红的规定

分红对象	人　数	比　例	分配摘要
G公司	1	39%	销售公司净利润×40%×39%
核心员工	不高于3人	大于2%	销售公司净利润×40%×持股比例 (注：因存在代持关系，由G公司支付给核心员工)
F公司	1	51%	销售公司净利润×40%×51%×90% (注：如完成业绩，F公司拿出10%分红用于奖励)

二、项目合伙模式

项目合伙模式，是指一方出品牌或供应链，2人以上的其他方出资金或人脉资源，共同成立项目公司或项目部，约定双方的权利与义务，最终达到提升品牌方在某区域的市场占有率之目的的合伙模式。

采用项目合伙模式的品牌方或供应链一般为重资产企业，如果在异地新设分支机构，现金流就有可能紧张，无法迅速抢占市场。

在实操中，实施项目合伙有三个注意点。

(1) 吸引项目股东或投资人，让他们自愿参与项目的要素有4个：品牌的影响力、在其他地区有成功的案例、固定的投资回报及本金安全。

(2) 项目的股东或投资人不参与项目部的经营与管理，只享有分红，要制定分配条款，是按持股比例分配还是同股不同分红？

(3) 对于品牌方来说，在吸收外部资金时，不要触碰非法集资的法律底线。

案例2-22 杭州某服装企业实行项目合伙，门店达150家

杭州某服装企业——甲公司致力于设计并生产当代年轻人喜欢的街头潮流品牌服装，在长三角地区有一定的影响力，至2020年6月共拥有直营门店70家，每家门店总投资平均为100万元(含房租、水电费、人工费等)。

但直营门店模式的资金压力较大，资产过重，再加上新冠疫情的影响，开新店速度较慢。

针对甲公司的现状，我们咨询团队建议甲公司在江浙沪区域采取直营门店模式，在其他区域采取托管门店模式。

同时，鉴于江浙沪区域服装市场竞争激烈，甲公司经决定开拓省外服装市场，特别是四川、云南及贵州市场。

本着战略聚焦的原则，甲公司首选四川市场，即在成都成立项目部，项目部运营团队为甲公司老板江某、销售总监张某、拓店总监曹某及区域经理赵某。

项目部自2021年9月1日到2023年8月31日，统一负责投资设立20家托管门店，而这些托管门店的日常运营均由甲公司区域经理赵某及当地新招聘的门店店长统一负责。

待积累经验后，再复制到其他省外市场。

四川当地有些经营某些小品牌服装的夫妻店业主，他们有些积蓄但店铺管理不规范，打算加盟其他品牌服装连锁店。他们看好甲公司的品牌价值及专业的门店运营能力，自愿出资开设托管门店，且承诺不参与托管门店的经营管理，只享受分红。

项目部投资设立托管门店的具体做法可分为以下两个阶段：第1阶段，甲公司在当地选拔对甲公司服装品牌感兴趣的5名股东，每位股东出资额为200万～500万元；第2阶段，甲公司的销售、商品、采购等部门的核心人才可以投资入股项目部。

一、项目部的投资

1. 出资金额

项目部总投资金额为2000万元。

2. 出资要求

项目部股东须在2021年8月3日前，将各自认缴资金一次性汇入甲公司老板的

个人账户(注：专款专用)，未来这些资金将转为对托管门店的出资。托管门店采取个体户形式，以区域经理赵某为工商注册登记的经营者。

3.持股比例

项目部股东按其出资金额核算对应的持股比例。若任一方股东未按约定出资的，未出资股东在项目部的持股比例按1.2倍稀释(即某股东持股比例/1.2)。

二、总部、项目部与门店的关系

1.项目部核算原则

项目部按合同约定缴纳直营店保证金，依法开展店铺日常经营活动，自行管理、独立核算、自负盈亏。

2.总部、项目部与门店重要事项约定

为方便大家理解，将甲公司称为"总部"，三者的相关事项约定如表2-42所示。

表2-42　总部、项目部与门店重要事项约定

重要事项约定		总　部	项目部	门　店
法律关系	特许经营合同	总部与门店	—	总部与门店
	项目合伙协议	总部与项目部	总部与项目部	
人	门店储备人员	总部	—	
	项目部所属人员人力成本	—	项目部	—
	总部后台共用的人员	10家门店以内，总部支持	10家门店以上，项目部按每人每月3000元标准支付至总部，合计金额不得超过每月1.2万元	
财	店铺市场开发费用	—	项目部	—
	店铺租金	—	—	门店承担
	店铺装修费用	—	—	门店承担
	市场维护费用	—	—	门店承担
	道具费用	总部承担50%	—	门店承担50%
	总部人员巡店差旅费	总部承担	—	—
	区域经理、大店长差旅费	—	项目部承担	—

(续表)

重要事项约定		总　部	项 目 部	门　店
财	店铺日常经营产生的费用	—	—	门店承担
货品	货品保证金	收取货品保证金	开业前30天由项目部缴纳	
	货品的管理权	货品的配、补、调、退统一由总部决策	配合总部进行促销、清仓等活动	配合总部进行促销、清仓等活动
渠道	新开店	审批	建议、审核	建议
	关店	审核	建议、决策	建议

3.总部的职责

(1) 负责制定统一的装修方案，负责企业形象、道具和灯具的设计，负责广告、推广等方案的设计和实施。

(2) 负责货品的配发、折扣控制和库存控制等工作。

(3) 负责店铺广告宣传品的采购、制作和发放，包括KT板、海报、写真、手提袋、货架等。

三、项目部内部股东的分红

1.分红的条件(同时符合)

(1) 项目部独立核算净利润为正。

(2) 项目部的现金流为正。

2.分红的公式

(1) 项目部需补足过往年份的亏损后才能对利润进行分配。

(2) 项目部的分红=项目部净利润×90%×股东持股比例(每年留存10%利润)。

四、项目部清算及股东退出(略)

三、客户合伙模式

"得终端者，得天下。"这里的"终端"就是"客户"。

客户合伙模式，是指客户基于信任，把自己的亲朋好友介绍给公司，或把公司的产品或服务推荐给他人，为公司带来一定业务收入的合伙模式。

此模式本质上是基于信任的转介绍，其运行前提有两个：一是公司的产品及服务要过硬；二是介绍人要有一定的收益，否则客户不会推荐。

我认为，此模式主要有三类盈利点，如表2-43所示。

表2-43 客户合伙模式的三类盈利点

序　号	盈利点或收入来源	收入类型
第一类	客户把身边的亲朋好友介绍给公司，给公司带来业务收入	提成收入
第二类	客户把公司业务介绍给其他潜在的新客户，给公司带来业务收入	提成收入
第三类	客户为公司贡献的业务收入达到一定的金额，可以成为公司的股东	"分红"收入

例如，我们的客户——北京罗勒人才信息服务有限公司，把建筑行业的工程师变为小型的创业合伙人。

众所周知，一个人创业风险很大，而罗勒客户合伙人模式为建筑行业的工程师提供了平台、服务和人脉资源。

如果建筑行业的工程师将身边的朋友推荐给罗勒，由专业的猎头顾问为人才推荐合适的企业和岗位并成功入职，推荐人就可以获得一份丰厚的佣金。建筑行业的工程师也可以向有需求的企业推荐罗勒服务，这种转介绍行为是一项没有成本的投资，收益具有多样性、持续性。

因此，客户合伙模式是一种坐在家里就能赚钱的模式，是一种风险极低的创业模式，是一种普通人能够用得着的模式。

案例2-23 **湃肽生物的第四大客户竟是其第一大股东，股份比例为25.29%**

浙江湃肽生物股份有限公司(以下简称"湃肽生物")成立于2015年7月，主要从事多肽产品的研发、生产、销售及相关服务，是一家具备先进、高效的多肽合成、纯化和规模化生产能力的国家级专精特新"小巨人"企业。

2022年3月，湃肽生物整体变更为股份有限公司，股权架构如图2-28所示。

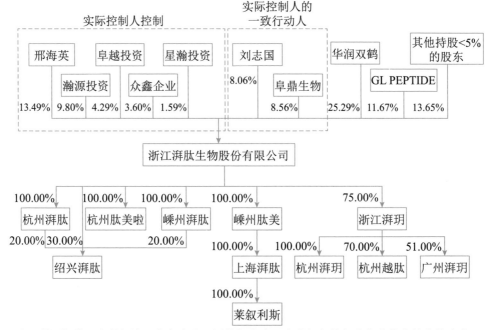

注：瀚源投资、阜越投资、众鑫企业及星瀚投资为邢海英担任执行事务合伙人的合伙企业。

图2-28　IPO申报期的湃肽生物股权架构

可以看出，湃肽生物的第一大股东为华润双鹤药业股份有限公司(以下简称"华润双鹤"，证券代码：600062)，持股比例为25.29%(注：未计算表决权及一致行动人)。不可思议的是，华润双鹤是湃肽生物的第四大客户，而华润双鹤同时也是这个拟上市公司的第一大股东，这种情况很少见，是客户合伙模式的经典案例。

自2018年3月起，众多客户看好湃肽生物的发展前景，陆续以增资扩股方式成为湃肽生物股东。湃肽生物客户入股的情况如表2-44所示。

表2-44　湃肽生物客户入股情况一览表

客　户	持股情况	入股时间	入股价格	入股背景
上海久谦化工有限公司	通过瀚源投资合计持有1.34%股份	2019年5月	15.00元/股	与实控人邢海英协商定价
广州霈韬生物科技有限公司	通过星瀚投资持有0.07%股份	2019年10月	1.33元/股	早期帮助湃肽生物开拓广东地区市场，故股权转让价格较低，湃肽生物已对其进行了股份支付处理

(续表)

客　户	持股情况	入股时间	入股价格	入股背景
华润双鹤药业股份有限公司	直接持有25.29%股份	2021年3月	24.50元/股	看好多肽行业发展前景及湃肽生物的研发能力。华润双鹤履行了国有资产评估备案程序，基于资产评估价格协商确定入股价格
珀莱雅化妆品股份有限公司	通过海南瑞正合计持有4.91%的股份	2022年6月	43.92元/股	湃肽生物为珀莱雅提供多肽化妆品原料，双方建立了良好的合作关系
华熙生物科技股份有限公司	直接持有1.64%股份	2022年6月	43.92元/股	湃肽生物为华熙生物提供化妆品原料，双方建立了良好的合作关系

　　一般来说，客户入股后，客户与企业的关系会更加密切，湃肽生物的销售收入自然有保障。

　　2022年，珀莱雅化妆品股份有限公司(证券代码：603605)、华熙生物科技股份有限公司(证券代码：688363)、上海久谦化工有限公司及华润双鹤药业股份有限公司为湃肽生物贡献了56.41%的销售额，如表2-45所示。

表2-45　湃肽生物前五大客户销售情况(2022年)

序号	客户名称	销售金额/万元	占当期营业收入比例	主要销售产品
1	珀莱雅化妆品股份有限公司	6358.14	29.62%	多肽化妆品原料
2	华熙生物科技股份有限公司	3494.53	16.28%	多肽化妆品原料
3	上海久谦化工有限公司	1139.63	5.31%	多肽化妆品原料
4	华润双鹤药业股份有限公司	1117.07	5.20%	多肽原料药
	合计	12 109.36	56.41%	—

　　从下游客户角度看，购买拟上市公司股份的目的是希望分享上市带来的增值收益；而从拟上市公司角度看，它希望让客户成为股东，建立稳定的上下游供销关系，这对下游客户和拟上市公司而言，都是互惠互利的事情，符合双方的商业利益。

　　但是，一旦客户入股，就可能构成关联交易，而关联交易涉及经营独立性、价格公允性、利益输送等问题，成为IPO审核和监管部门重点关注的事项。

　　因此，在实操中，对于客户入股，要注意如下4个问题，如图2-29所示。

图2-29 对于客户入股要注意的4个问题

综上所述，拟上市公司引入客户股东，只要相关交易真实、合理且公允，并且在信息披露文件中充分说明，通常能够打消监管疑虑且不会构成IPO的实质性障碍。由于客户入股是IPO审核时关注的重点问题，需要拟上市公司从多方面举证分析，以达到"自证清白"的效果。

因此，我建议拟上市公司在引入客户股东时提前做好准备工作，避免因操作不当留下瑕疵，进而影响上市进程。

其实，客户合伙模式适用于多种行业，例如K12教育机构把家长发展成为合伙人，EMBA培训机构把学员发展为合伙人，医美机构把客户开发为合伙人等。

2019年9月，我们咨询团队为某商学院设计了学员合伙人方案，经该商学院创始人赵院长同意，我把部分方案分享给大家。

案例2-24 **某商学院设置4级合伙类型，把100名学员转为合伙人**

2007年5月，某商学院成立，注册资金1000万元，主要包括管理类课程、党政学习类课程。2018年，公司收入8000万元，净利润1200万元。

该商学院的商业模式与创业黑马(证券代码：300688)相似。创业黑马2016年收入1.84亿元，扣非后归属母公司所有者的净利润为3179万元，2017年8月成功上市。

某商学院以××教育科技有限公司(注：案例2-25提到此公司)为学员持股主体，经商定总股数为1亿股，首期释放1000万股。

如果学员成为某商学院的合伙人，将享有4项收益，如图2-30所示。

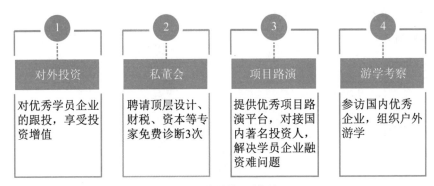

图2-30　学员的4项收益

假设某学员投资20万元，占某商学院的股份比例=20万/10 000万=0.2%，则该学员2020—2023年的分红情况如表2-46所示。

表2-46　学员4年分红测算

年　　度	收入/万元	净利率	净利润/万元	公司可分红比例	公司可分红金额/万元	持股比例	分红/万元
2020	10 000	15%	1500	60%	900	0.2%	1.8
2021	15 000	15%	2250	60%	1350	0.2%	2.7
2022	30 000	15%	4500	60%	2700	0.2%	5.4
2023	50 000	15%	7500	60%	4500	0.2%	9.0
合计							18.9

经测算，年投资回报率=(18.9/4)/20×100%=23.625%。

假设某商学院A轮融资3000万元，出让10%股份；B轮融资5000万元，出让10%股份；C轮融资8000万元，出让10%股份，于是我们可以得出某商学院A轮~C轮的注册资金变化情况，如图2-31所示。

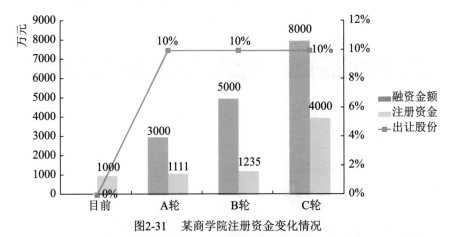

图2-31　某商学院注册资金变化情况

然后，我们可以计算出学员0.2%的股份在各轮融资时的账面价值变动情况，如图2-32所示。

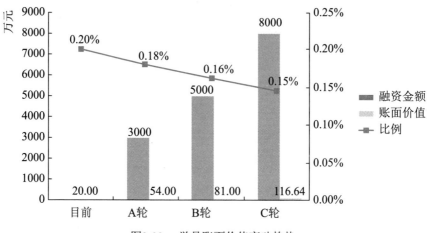

图2-32　学员账面价值变动趋势

可以看出，A轮融资时学员股份账面价值为54万元，C轮融资时学员股份账面价值高达116万元！这就是资本的魅力！

合伙方案出台后，经过3个月的筛选，首期共有100名学员成为创始股东。于是我们看到这样的现象，学员前往EMBA学院读书，本来是"一次性的消费"，但经过客户合伙模式，学员成为合伙人，变成"一生一世的生意"了。

目前某商学院已拥有4万多名学员，学员转介绍率达72.5%。

案例2-25为某商学院的主体运营公司(注：××教育科技有限公司)与学员签订的客户合伙人协议节选，供大家参考学习，这个合伙方案对MBA教育培训机构、职业教育培训公司等以招生为主的公司会有所帮助。

案例2-25　某商学院学员客户合伙协议

甲　　方：××教育科技有限公司(以下简称"甲方"或"甲方公司")

乙　　方：＿＿＿＿＿＿＿＿＿＿＿＿＿

身份证号：＿＿＿＿＿＿＿＿＿＿＿＿＿

详细地址：＿＿＿＿＿＿＿＿＿＿＿＿＿

(1) 甲乙双方本着自愿、平等、互利、诚信的原则，根据《民法典》《公司法》等相关法律法规达成如下协议，供双方遵照执行。

(2) 在签订本协议之前，乙方已经仔细阅读过本协议的各条款，了解其法律含义，出于本意接受，受本协议的约束。

第1条 出资及资格

1.1 甲方根据乙方的出资情况及业绩情况，由低到高设置院长、校长、合伙人、私董4类合伙级别，如图2-33所示。本协议规定乙方只能逐级晋升，不得越级晋升。

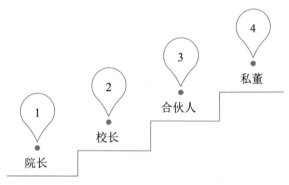

图2-33 合伙级别

1.2 乙方出资50万元，即获得甲方授予的"校长"级别。校长享有的权益如下。

(1) 甲方免费赠送乙方15个学员名额(注：乙方须在开课前7日通知甲方师资部门)，乙方推荐的学员既可以在所在地上课(例如武汉)，也可以在其他地区(例如北京)上课。

(2) 甲方赠送乙方2万股期权的购买权。

第2条 晋升

2.1 晋升的规定(符合(1)或(2))

(1) 转介绍晋升：在2年内，如果乙方累计介绍50个新学员(注：赠送的15个名额除外)，自动晋升为"合伙人"级别，并获得甲方公司授予的3万股的期权购买资格和甲方公司免费赠送的1万股实股(注册股)。

(2) 补差晋升：当乙方另行补足50万元出资款时，将获得"合伙人"的级别，并获得甲方公司授予的2.4万股期权的购买资格。

2.2 工商登记

(1) 期权行权：乙方的期权全部行权之后的15日内，由甲方公司安排专人完成工商登记手续，乙方成为甲方公司的正式股东，并在甲方公司的有限合伙企业当中列示。

(2) 期权未行权：自乙方完成50万元出资且签订本协议起的一年后，由甲方公司安排专人完成工商登记手续。

第3条　政策衔接

3.1 乙方晋升至"合伙人"级别时，本协议中止执行，甲方将与乙方另行签订《合伙人合伙协议》：

(1) 对于"校长"期间获赠的学员名额，如果未使用，则名额数量清零。

(2) "校长"期间获赠的期权由2万股调整为3万股。

(3) 获得"合伙人"级别的15个新学员名额。

3.2 期权的行权规定

(1) 成为"合伙人"级别后，如果乙方在2年内介绍的学员数量超过50个(含)，乙方将自动行权。此时甲方财务部通知乙方于15日内在甲方公司行权，且由乙方完成出资，乙方的出资金额=(3.0万股或2.4万股)×5.0元/股=15.0万元或12.0万元。

(2) 本协议约定甲方公司估值为2500万元，即乙方在甲方公司的股份比例=15.0万/2500万=0.6%，或12.0万/2,500万=0.48%。

(3) 乙方获赠的1万股股份占甲方公司股份的比例=(1万股×5.0元/股)/2500万元=0.2%。

(4) 乙方总股份占甲方公司股份的比例为0.8%或0.68%，并在甲方公司的有限合伙企业中列示。

第4条　分红规定

4.1 分红的前提

甲方公司的实际营业收入超过2000万元。

4.2 分红的金额

乙方分红的金额=甲方公司可分配的净利润×乙方个人实际股份占甲方公司股份的比例

4.3 分红的程序

(1) 甲方公司每年春节前核算前一年的可分配利润，甲方公司股东会决定当年分红具体比例。

(2) 分红的登记日为每年的2月1日—3月1日。

(3) 分红的发放日为每年的3月1日—4月1日。

(4) 甲方公司代扣代缴乙方因分红所产生的个人所得税。

第5条　退出规定

5.1 正常退出

(1) 如果乙方期权未全部行权，则乙方退出时期权额度自动取消。

(2) 如果乙方期权全部行权，则乙方退出时的规定如表2-47所示。

表2-47　期权全部行权后的退出规定

年数X/年	退出金额
$X<3$	60%×入股本金
$3\leqslant X<5$	120%×入股本金
$X\geqslant5$	150%×入股本金

注：年数从甲乙双方签订本协议之日起算；入股本金指乙方期权行权后的出资金额。

5.2 资本规划退出

(1) 甲方上市。因为有限公司改制成股份有限公司时会引发对应板块公司主体的更改，所以本协议终止执行。乙方持有的股权按法律规定平移至拟上市公司，并按上市公司的相关规定执行。

(2) 甲方被收购。当甲方被外部投资人收购时(指外部投资机构持股比例超过50%)，乙方按投资协议的约定退出。

第6条　配合义务

6.1 甲方未来引进投资机构进行外部融资及对内增资扩大持股平台之比例时，可能导致其间接拥有的公司权益因此被稀释或摊薄，乙方承诺将按所持有的股权同比例稀释，并放弃优先购买权。

6.2 甲方亦可能根据相关外部投资机构的要求修订本协议的条款，并对本协议项下规定的期权行权具体安排做出相应调整。

6.3 乙方对本协议的具体内容负有保密责任。未经甲方事先书面同意，乙方不得将本协议的具体内容披露给任何第三方。

第7条　协议终止

甲乙双方同意，以下任一情形发生的，本协议将自动终止，且任何一方均不对其他方承担任何违约责任。

7.1 若在本协议履行的过程中，因所适用的法律、法规、规范性文件和政策等发生变化致使甲方与乙方无法履行本协议，协议终止。

7.2 本协议约定的行权日尚未到来或者期满之前，甲方因破产、解散、注销、吊销营业执照等原因丧失民事主体资格或者不能继续营业，协议终止。

7.3 甲方上市、甲方被收购或乙方晋升至"合伙人"级别时协议终止，协议终止。

甲方：××教育科技有限公司

公司盖章：＿＿＿＿＿＿＿＿＿＿

乙方签字(指纹)：＿＿＿＿＿＿＿＿

乙方身份证复印件留底处

签约日期：＿＿年＿＿月＿＿日

第五节
招商合伙模式

距今2700年的招商鼻祖管仲，曾对招商之事提出他的著名观点：居有所归，兴建宾舍和交易场所，一乘伙食、三乘兼供饲料、五乘并供给饲养人；居有所乐，国道三十里设招待所及娱乐场所；居有所安，不排斥外商，不按规定接待，有司治渎职罪；居有所补，便利通关和零关税，只登记以备管理。

我总结管仲的观点，可以得出招商的4字精髓：归、乐、安、补。

于是，我把招商合伙定义为：政府通过提供土地、税收优惠、股权投资、财政补贴等形式吸引投资者到本地区进行投资和创业的过程；或企业设置多层级的直销晋升裂变激励机制，通过提供一对多、批量式服务，吸引单位或个人加盟成为合伙人，最终把产品、模式或服务卖给消费者的过程。

我把招商合伙模式分为4种类型，如图2-34所示。

图2-34　招商合伙模式的4种类型

从招商发起人来看，这4种类型又可以概括为政府招商和企业招商两大类。

其实，招商合伙模式可以分为三步，即招商、稳商及强商，如图2-35所示，是个逐渐递进的过程。此三者，我用通俗的语言概括为：招商=招得到，稳商=能留住，强商=活得久。

图2-35　招商合伙模式的三步

因此，对招商合伙模式的考核有三个重要指标：一是招商的纳新率，即每次招商活动要有效果；二是稳商的留存率，这考验一个企业的信息系统、政策支持、机制设计及服务质量等；三是强商的赋能率，即对留存下来的优质企业的内部管理机制及商业模式进行提升，将其发展成为有股权关系的合伙人。

一、政府合伙模式

政府合伙模式，是指各级政府为企业提供税收优惠、土地等支持政策，或单独出资或与社会资本共同出资，采用股权投资等市场化方式，出资并占有企业一定股权的合伙模式。

各级政府为企业提供税收优惠、土地等支持政策，与企业的黏性较差。在这种情况下，如果政府能提供某些担保或直接出借低息的财政资金是不错的选择，毕竟银行贷款是有门槛的。但是这部分钱到期后终究还是要还的，表现为"债权融资"。因此，政府单独出资或与社会资本共同出资是政府合伙模式的最佳方案，变现为"股权融资"。

政府主要通过政府产业投资基金(注：受发改委监管)和政府投资基金(注：受财政部门监管)，采用公司制、有限合伙制和契约制等不同组织形式进行投资。政府无论通过哪种基金进行投资，都要到中国证券投资基金业协会办理登记备案等手续，一般不参与企业生产经营活动，只是作为国家实现产业升级的重要政策的工具。

政府对产业投资基金的投资方向有严格规定，例如新兴战略性产业和高新技术产业，而新兴战略性产业风险大，成本高，更加需要政府的宏观政策支持、资金支持和风险控制。

2016年，国家发改委印发的《政府出资产业投资基金管理暂行办法》(发改财金规〔2016〕2800号)中规定，政府产业投资基金主要投资于包括非基本公共服务领域等在内的7个领域，如图2-36所示。

图2-36 政府产业投资基金投资领域

在政府合伙模式下，国家投资资金已经逐渐成为股权市场的重要力量。企业选择的行业及商业模式要尽量符合国家的产业政策。

案例2-26 **在我国谁是最有代表性的政府合伙人**

在我国，最有代表性的政府合伙人当属合肥市政府了。2010—2020年，合肥国内生产总值(GDP)增幅高达272%，诞生了一个"合肥模式"。

政府传统招商模式是给予土地、税收等政策性支持，而在"合肥模式"中，政府除提供政策性支持之外，还提供资本支持，参与项目建设，稳定企业信心，引导社会资金参与。

出资是合伙人能够勠力同心的必要条件。常言说得好："不掏钱，就不交心，钱在哪里，心就在哪里。"

出资占股是最好的"投名状"，合肥市政府做到了。下面介绍合肥市政府作为合伙人，以出资方式参与投资的三个成功案例。

一、京东方

2008年9月13日，京东方科技集团股份有限公司(以下简称"京东方"，证券代码：000725)发布《关于签署投资框架协议的公告》，如图2-37所示。

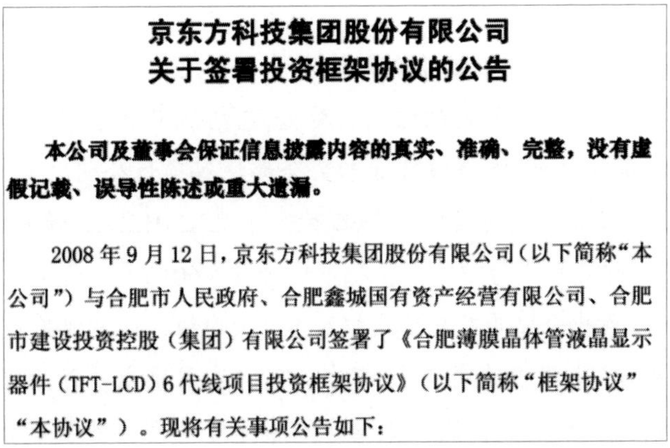

京东方科技集团股份有限公司
关于签署投资框架协议的公告

本公司及董事会保证信息披露内容的真实、准确、完整，没有虚假记载、误导性陈述或重大遗漏。

2008年9月12日，京东方科技集团股份有限公司(以下简称"本公司")与合肥市人民政府、合肥鑫城国有资产经营有限公司、合肥市建设投资控股（集团）有限公司签署了《合肥薄膜晶体管液晶显示器件（TFT-LCD）6代线项目投资框架协议》（以下简称"框架协议""本协议"）。现将有关事项公告如下：

图2-37 京东方与合肥市政府签署投资框架协议的公告

公告部分内容如下。

甲方：合肥市人民政府、合肥鑫城国有资产经营有限公司、合肥市建设投资控股(集团)有限公司

乙方：京东方科技集团股份有限公司

双方确定在合肥市投资建设一条薄膜晶体管液晶显示器件(TFT-LCD)6代全工序生产线，生产37"及以下的TFT-LCD显示屏和模组等产品。经充分协商，双方达成如下协议，作为基础性文件以资共同遵守，主要内容如下。

1. 项目投资总额

初步预判项目投资总额为175亿元人民币，但最终依据批准的项目可行性研究报告或申请报告确定。

2. 项目公司注册资本：60亿元人民币

3. 项目资本金：90亿元人民币

(1) 项目公司60亿元人民币注册资本金由甲方和/或甲方指定的投资平台投入。

(2) 其余30亿元人民币项目资本金由甲方、乙方共同通过资本市场、战略投资者引入等方式解决。

4. 出资方式(弃用"银团贷款"，使用"股权融资")

(1) 60亿元人民币注册资本金通过乙方定向增发的形式注入乙方，乙方再将其全部投入项目公司。

(2) 在乙方为本项目定向增发股票实施之前，甲方和/或甲方指定的投资平台所筹集的资金，以银行委托贷款的方式，根据项目进度需要借给乙方，该等借款享有6个月免息期，乙方将该借款全部作为资本金投入项目公司。

(3) 乙方承诺定向增发筹集的该项目资金(包括但不限于甲方和/或甲方指定的投资平台认购和市场筹资)作为项目资本金全部注入项目公司。

2008年5月，京东方定向增发，合肥市政府投入30亿元，价格为2.4元/股。

2014年4月，京东方定向增发，合肥市政府投入60亿元，价格为2.1元/股。从两次定向增发，可以看出合肥市政府确实投入了真金白银，也兑现了上述投资协议。

最终，京东方6代线投产并大获成功，不仅为国争光，结束了我国大尺寸液晶面板全部依赖进口的局面，同时也给合肥带来了丰厚的投资回报，合肥市政府持有的京东方股票曾经浮盈逾百亿元。

二、长鑫存储

2016年6月，合肥长鑫集成电路有限责任公司(以下简称"合肥长鑫")成立，注册资本20亿元，主要产品为动态随机存取存储器(DRAM)。

合肥市产业投资控股(集团)有限公司持有长鑫存储99.75%股份,合肥产投新兴战略产业发展合伙企业(有限合伙)持有长鑫存储0.25%股份,背后皆为合肥市政府。

2017年11月,合肥长鑫与合肥锐捷聚成投资中心共同成立长鑫存储技术公司(以下简称"长鑫存储"),持股比例为19.9%。

2018年1月,合肥长鑫投资退出。

2019年9月,长鑫存储宣布8Gb颗粒的国产DDR4内存量产,其光威产品系列大获成功。

长鑫存储打破了金士顿、三星等国外厂商多年来在DRAM产业的垄断。目前长鑫存储与长江存储、福建晋华成为我国三大存储芯片公司。

三、蔚来汽车

2019年,资金链断裂的蔚来汽车股价连续下跌,最低1.19美元,几乎退市。

2020年4月,合肥市政府果断出手,指定合肥市建设投资控股(集团)有限公司与蔚来汽车签订了70亿元的股权融资协议,持有蔚来汽车24.1%的股份。

但这笔投资并不是无条件的,合肥市政府与蔚来汽车对赌如下。

蔚来洗车2020年营业收入要达到148亿元,2024年营业收入要达到1200亿元(上市6~8款车型),2020年至2025年总营业收入要达到4200亿元,总税收要达到78亿元。蔚来洗车2025年前在科创板上市。

如果无法达成这些目标,合肥市政府有权要求蔚来汽车以8.5%的年利率回购自己持有的蔚来中国24.1%的股份。

随后,蔚来汽车销量和股价暴涨,股价一路攀升到66.99美元。

我们再来看一下合肥市政府的投资回报。

2020年8月,蔚来汽车以25亿元回购约8.6%股份。

2021年2月,蔚来汽车以55亿元回购3.31%股份。

2021年9月,蔚来汽车以25亿元回购1.42%股份。

蔚来汽车三次回购共收入=25+55+25=105(亿元)。

合肥市政府只投入70亿元,净赚35亿元,尚余10.77%股份。

最后,我对案例2-26做一个小结。

(1) 大多数人是因为"看见才相信",少数人是因为"相信才看见",而合肥市政府是后者，是智者。

(2) 合肥模式并非"明股实债"，而是真金白银地注资，明明白白地当股东。

(3) 政府合伙模式投入大、回报周期长，应发挥举国体制优势，投资那些卡脖子的项目，例如芯片、高端光刻机、核心工业软件、机器人核心算法等。

(4) 政府合伙人受益于资本溢价，上市退出是较理想的退出方式，当然要看准产业方向。

二、 分销合伙模式

分销合伙模式，是指商家在上下级代理、分销商之间，设计返利关系的层级，从而把产品或服务卖出去的合伙模式。通俗来讲，分销商就是"二道贩子"。分销的成功案例是安利及微商。

这里的层级有两层含义：一是指推荐关系组织层级，即整个组织根据会员加入时间和推荐关系组成的层级总数；二是指返利层级，即组织内相互具有返利关系的层级数量，比如可以将直接推荐认定为一级分销，将间接推荐认定为二级分销，目前法律最多只允许三级分销。

分销与传销的区别如表2-48所示。

表2-48　分销与传销的区别

类　别	合　法	门　槛	产　品	流　通	分　级	退　货
传销	非法，"庞氏骗局"	缴纳较高的会员费用	价格与价值分离	不流通，只发展下线	无底线	无
分销	合法	无	价格与价值合一	流通	3级及3级以下	有

因此，分销是商家销售产品、服务或价值的一种方式，本质上是将消费者变成销售者的一个过程。

案例2-27 某公司通过三级分销合伙模式，3年销售白酒超过3000万元

2020年初，老板张三发现他的朋友李四通过微信朋友圈销售白酒，全年销售

收入居然超过3000万元。经深入了解，李四模拟五粮液"臻久网"，开发了白酒数字电子商城手机应用程序(App)，并导入了三级分销模式，让介绍与转介绍的亲朋好友都有利可图，最终李四通过朋友圈做大了生意。

张三认为自己也可以尝试一下，他做了如下5件事情。

第1件事，打造品牌。张三为即将销售的白酒取了一个好听的名字。

第2件事，寻找业务合伙对象。贵州小酒厂众多，质量可靠，愿意合伙的小酒厂比较好找。

第3件事，找专业的机构设计网上商城App，顾客可以直接下单购买，购买后可获得积分。

第4件事，聘请笔者团队进行顶层设计，要求保证财税规划的"四流一致"(即合同流、资金流、发票流及物流一致，见图2-38)，从源头上规避税务风险。

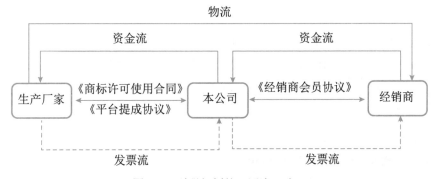

图2-38 财税规划的"四流一致"

第5件事，聘请笔者团队设计了分销合伙模式。公司分销合伙模式方案包括三部分内容，摘录如下。

1.成为分销商

好的产品，离不开好的机制。因白酒是快速消费品，且通过微信朋友圈进行裂变式销售，建立三级分销机制势在必行。

三级分销，指的是品牌商在销售中采取发展下级分销商的模式，每一级分销商均可以往下再发展分销商，形成一个三层分发的销售链，分销商只能获取三级分销所得的提成或佣金，对于超过三级的部分不能获得提成或佣金。

例如，本人销售，可得30%提成，往下一级可得8%提成，往下二级可得5%

提成，往下三级(即最后一级)可得2%提成(注：实操中最好不涉及第三级)，如图2-39所示。

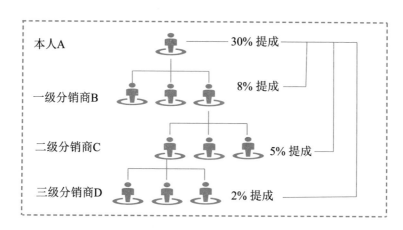

图2-39　三级分销机制示例

假如某一款产品售价为1000元/瓶，测算如下。

A购买任意一款产品，即成为分销商，系统将自动形成专属二维码，A提成=1000×30%=300(元)；B通过扫描A的专属二维码，购买了价值1000元的产品，A可得B购买金额的8%，即1000×8%=80(元)；C通过B扫描A的专属二维码购买此产品，A可得C购买金额的5%，即1000×5%=50(元)；D通过C购买产品，A可得D购买金额的2%，即1000×2%=20(元)。

A的总收入=300+80+50+20=450(元)。

2. 三级合伙逐级晋升模式

通过自产自销及转介绍赚钱，只是完成了分销合伙的第一步。如果分销商买白酒的量足够大，或者分销商介绍了更多朋友来平台上买酒，那分销商能得到的利益又如何呢？分销商能否成为平台的合伙人呢？如何保持与平台的黏性？晋升模式很好地解决了这一问题。晋升模式的具体政策如下。

当本人业绩达到1万元且发展直接下级5人时，可以成为合伙人，享受9折拿货的优惠；当本人业绩达到5万元且发展直接下级10人时，晋升为高级合伙人，享受8折拿货的优惠；当本人业绩达到10万元且发展直接下级15人时，晋升为股东，享受7折拿货的优惠。

分销商合伙晋升模式如表2-49所示。

表2-49 分销商合伙晋升模式

身 份	门 槛		拿货价格折扣
	本人业绩	直接下级	
股东	10万元	15人	7折
高级合伙人	5万元	10人	8折
合伙人	1万元	5人	9折

3. 获得积分

当下属当月的购货量大于本人时，公司将从次月起赠送给本人一定数量的积分，如表2-50所示。

表2-50 本人获得积分的规则

赠送积分情形	获得积分数量	备 注
直接下属(B)购货量大于本人	1000积分	次月起送
直接下属(C)购货量大于本人	200积分	

积分可转让、可累积、可换钱、可换股，积分在公司自建的白酒商城App上兑换，积分的8个用途如图2-40所示。

积分兑物　　积分打赏　　积分游戏　　积分公益

积分竞拍　　积分砍价　　积分换钱　　积分换股

图2-40 积分的8个用途

对于积分兑换的内容，就不具体展开了。

经过3年的发展，2023年8月，张三通过微信朋友圈引流至私域的白酒商场App，销售收入首次超过3000万元。

但是，分销合伙模式操作不当，易演变为非法集资。

2021年5月1日起施行的《防范和处置非法集资条例》第十九条规定，"在销售商品、提供服务、投资项目等商业活动中，以承诺给付货币、股权、实物等回报的形式吸收资金"，涉嫌非法集资。

因此，在实操中，待后期优秀分销商投资入股时，再对资金做技术处理。

案例2-28 某酒业公司分销商管理制度

本着携手双赢、互惠互利的理念，为了明确××酒业公司与分销商之间的责权利，根据《民法典》的规定，特制定本管理制度。

1. 分销商资格

(1) 有意致力于酒水行业，拥有良好的商业信誉度和个人品质，并且认同××酒业公司的品牌文化和企业价值观。

(2) 在当地拥有良好的销售渠道或社会关系。

(3) 熟悉产品、市场和国家相关政策、法律、法规。

(4) 有必要的资金实力、较好的经营管理能力和可持续开发市场的能力。

(5) 有强烈的品牌意识、服务理念和主动配合××酒业公司总部规范化管理的理念。

(6) 具有敬业精神和良好的服务意识，在客户提出要求的情况下，要为客户提供必要的服务和支持。

2. 申请分销的步骤

(1) 分销申请人需向××酒业公司提供营业执照副本(复印件)、机构代码证副本(复印件)、法定代表人证明(身份证复印件)等资质文件，并填写《分销申请表》。

(2) ××酒业公司对《分销申请表》进行审核，重点关注申请人的资金实力、经营管理能力、可市场开拓能力等。

(3) 申请人通过审核，填写相关分销资料，签订《分销合同》(注：鉴于人数较多，集中签约，有一定的仪式感)，并在××酒业公司官方网站对外公布分销商信息。

(4) 申请人(分销商)付款进货，书面的分销授权书随首批白酒同时发给分销商。

(5) ××酒业公司发货，根据分销商规模情况，开具相应的增值税专用发票或普通发票。申请分销的具体步骤如图2-41所示。

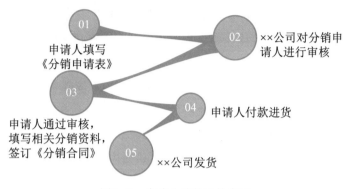

图2-41　申请分销的具体步骤

3. 分销政策

(1) 订货与供货：遵循先订货、后发货的原则，款到发货。

(2) 运输：若客户未指定物流公司，统一由××酒业公司指定物流公司负责送货。

(3) 宣传资料：依据订购产品的数量，随货提供相应的宣传资料。

(4) 政策变化：如果××酒业公司在产品及市场政策等方面发生变化，将提前通知分销商，并与分销商协商解决。

4. 分销商职责

(1) 遵守本制度的有关规定，服从××酒业公司的统一规划及管理，接受××公司的日常督查。

(2) 积极宣传和推广××酒业公司品牌，积极开拓市场。

(3) 分销商是××酒业公司渠道、市场、客服的主体，承担销售、服务等事项。

(4) 无论分销合同终止与否，分销商均须保守××酒业公司的商业秘密，否则将被追究法律责任。

(5) 分销商负责市场调查和分析，及时反馈各类市场信息。

(6) 分销商接受××酒业公司对其进行业绩考核。

(7) 如果分销商之间发生冲突，分销商必须服从××酒业公司的协调。

5. 解除、退出、转让机制

1) 解除机制

(1) 当分销商有下列情形之一时，××酒业公司可与分销商解除合作关系：①缺少必要的分销条件；②违反相关规定，经公司劝告仍不改正；③损害××酒业公司品牌形象、声誉、信用。

(2) 分销解除过渡期为30天。解约过渡期满，如果分销商无违法经营或有损××酒业公司品牌形象的行为，则于解约过渡期满的15天内返还分销保证金；如果分销商违法经营或损害××酒业公司品牌形象，则××酒业公司有权没收分销商保证金并追究由此造成的损失。

2) 退出机制

(1) 由于自身原因，分销商主动提出与××酒业公司取消分销关系。

(2) 分销商如需退出，需提前60天向××酒业公司提出书面申请，经××酒业公司进行调查，如分销商没有违反××酒业公司分销制度，没有损害××酒业公司品牌形象、声誉等行为，允许分销商退出。

(3) 退出过渡期为30天。退出过渡期满，如分销商无违法经营和有损××酒业公司品牌形象的行为，则于退出过渡期满的15天内返还分销保证金；如果分销商有违法经营和损害××酒业公司品牌形象的行为，则××酒业公司有权没收分销商保证金并追究由此造成的损失。

3) 转让机制

(1) 由于自身原因，分销商提出将分销经营权转让给其他分销商。

(2) 分销商经营一段时间后，如需转让给他人经营的，在其与××酒业公司无任何债权、债务的前提下(如有债权债务未清的，则不具备转让资格，××酒业公司可根据实际情况将该授权分销商的分销经营权收回，解除分销)，原分销商可提出书面申请，待××酒业公司审核通过后，分销商才可办理相关转让手续，否则转让无效。

6. 分销商积分制度

(1) 所有分销商均可参加积分活动，参与营销活动、推荐会员或分销商均可获得积分奖励。

(2) 累计积分满×××即可兑换相应礼品。

(3) 积分有效期为一年，有效期内未兑换，过期自动清零。

7. 附则

(1) ××酒业公司拥有本制度解释权并负责监督执行。

(2) 本制度未尽事宜，依照有关规章制度和双方协商的补充文件办理。

(3) 分销商必须自觉接受本制度约束，若违反本制度，××酒业公司有权终止分销，与分销商解除分销关系。

(4) ××酒业公司如果与分销商产生纠纷，由双方协商解决，如未能协商一致的，则由××酒业公司所在地法院裁定。

三、会员合伙模式

提起"会员"，有人会想到好市多会员、山姆超市会员，有人会想到盒马X会员、京东PLUS会员，有人会想到星巴克星卡、银泰生活等积分会员，有人会想到优酷、爱奇艺等视频网站会员，还有人会想到家门口的健身房、理发店会员。

会员合伙模式，是指企业采取优惠措施，吸引客户或消费者成为会员，增加他们的消费频率和消费金额，从而提高企业的销售额和利润的模式。

我把会员合伙模式分为三大类，如图2-42所示。

图2-42 会员合伙模式分类

1. 免费会员模式

免费会员模式，是指用户获取会员身份，并不需要额外花钱。这种会员模式门槛低，覆盖面广，经常被设计为"成长型会员"模式，其中较常见的就是"积分制"。在免费会员模式下，根据会员累积的消费金额，区分不同会员的等级和权益。

例如瑞幸咖啡、良品铺子的会员，这一类会员几乎没有门槛，不用交会费，也不需要先消费，甚至为了鼓励会员加入，店铺还提供新人优惠或免费服务。

2. 付费会员模式

付费会员模式，是指用户需要花钱获取会员身份，而且是限时的。这种会员模式门槛较高，主要针对一部分黏性高、要求高、复购率高，且有一定消费能力的用户。付费会员又可以细分为付费购买消费会员(例如好市多会员、山姆超市会员等)以及付费购买权益会员(比如京东PLUS、天猫88VIP等)。

例如，云集已成为基于熟人社交的会员制电商样本。通过它，我们可以更深入理解当下电商会员的返利模式，如图2-43所示。

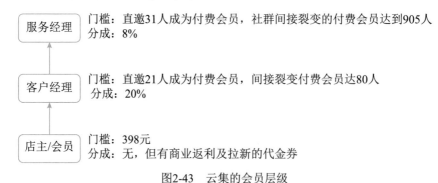

图2-43　云集的会员层级

3. 充值会员模式

充值会员模式本质上是一种消费金预存行为，钱还是客户的，只是提前存在商家这里，客户承诺以后会来消费。预存是为了获得返现、折扣等价格优惠，而非为了某种权益或服务额外支付溢价。

那么对于企业来说，收到会员费时如何作税务处理呢？这主要涉及两类税种——增值税和企业所得税。

一是增值税的税务处理。

根据财税〔2016〕36号的规定，会员费属于无形资产，适用6%增值税税率。2023年，杭州一家服装企业运用我们设计的会员合伙模式节税175.3万元。

案例2-29　某服装公司通过会员合伙模式节税175.3万元

2022年，某服装公司销售收入为1亿元(含税)，系一般纳税人，税务成本较重。请问，能否利用会员合伙模式做相应的税务筹划？

方案一：按照原价直接销售，收入1亿元(含税)，增值税率为13%。

方案二：采用会员合伙模式销售，即每年向客户收取一定会员费，例如会员费总金额为3000万元，并对购买商品的会员给予一定折扣。

两种方案的增值税纳税情况如表2-51所示。

表2-51　两种方案对比

方　案	征　税　规　定	增值税(销项)
方案一	全部销售收入，适用13%税率	10 000/(1+13%) × 13%≈1150.4(万元)
方案二	7000万元销售收入，适用13%税率 3000万元会员费收入，适用6%税率	7000/(1+13%) × 13%+3000/(1+6%) × 6%≈975.1(万元)

可见，采用会员合伙模式，某服装公司可以少缴纳增值税175.3万元(1150.4-975.1)。

二是企业所得税的税务处理。

国税函〔2008〕875号文件第二条规定："申请入会或加入会员，只允许取得会籍，所有其他服务或商品都要另行收费的，在取得该会员费时确认收入。申请入会或加入会员后，会员在会员期内不再付费就可得到各种服务或商品，或者以低于非会员的价格销售商品或提供服务的，该会员费应在整个受益期内分期确认收入。"

例如，小明在京东商城交纳198元京东PLUS一年会员费，除了在京东商城购物能够享受优惠外，还可以享受1年的爱奇艺年卡权益。

京东平台账务处理如下：

(1) 收到会员费

借：其他货币资金——京东支付　　　198

　　贷：预收账款——小明　　　　　　　198

(2) 分摊收入

在12个月收益期内平均分摊收入(注：在会员期内不再付费就可得到各种服务或商品，或者以低于非会员的价格销售商品或提供服务的，该会员费应在整个受益期内分期确认收入。显然，应按一年期分摊收入)

借：预收账款——小明   16.5(198/12)
　　贷：主营业务收入——佣金   15.57
　　　　应交税费——应交增值税(销项税额)   0.93

案例2-30　**某足浴店如何利用充值会员合伙模式，通过轻资产扩张到50家门店**

老板小亮经营一家足浴店——甲店，投资额为200万元(包括房租、装饰费、技师工资等)，年收入400万元，利润80万元，即2.5年收回本金。服务项目有3个，即99元洗脚、399元SPA、699元SPA+PLUS，店铺生意不错，客户不断。

经过三年的发展，小亮在甲店实行了店长合伙制，日常运营已不用他操心了。于是他打算趁热打铁，快速扩张，但心有余而力不足，资金跟不上开店的速度。

于是小亮开始思考，如何才能用客户的钱去开新店？如何实现轻资产扩张？会员合伙模式也许能解决小亮的难题，具体思路如下。

一、会员消费

1. 成为会员

充1000元可成为会员，同时免费赠送1000元消费券，相当于买1送1。

2. 消费规则

消费券按次抵扣，适用于399元项目(抵扣100元)及699元项目(抵扣150元)，但99元项目不参与抵扣。

此规则是基于熟人关系进行设计的，能让会员在朋友面前多了一种社交货币，消费券可以促进他们多次来店消费。

3. 拉新规定

(1) 介绍朋友来门店消费的，本人将获得朋友首单金额的30%。

(2) 如果朋友感觉服务不错，以后出资1000元购买会员，本人可获得20%提成。为规避非法集资行为，暂定一级分销体系，待积累经验后，再完善制度。

二、会员裂变

随着会员越来越多，目前甲店已有300多个活跃会员了，小亮用他人钱开店的想法可以付诸行动了，具体分为以下5个步骤。

1. 招募

招募不超过100个会员，每个会员出资2万元至4万元；小亮不出资，以商标、信息结算系统入股，占20%股份；由会员分配剩余80%股份(注：这些门店均采取个体户形式)。

2. 权益

送等额的消费卡+5000元代金券，消费卡既可给自己用也可以给他人使用，但代金券仅适用于他人使用。

3. 分红

新店前3年，会员分门店利润的【50%】；3年后，按持股比例分配。

4. 裂变

对于会员拉来的新客户，按上述招募、权益、分红相关规定执行，但【20%】提成不能通过提现方式兑现，直接将相关钱数充进本人的会员卡内。

5. 退出

如果3年内退出，只退还一半本金，当年分红一并取消；如果3年后退出，本人须找到愿意购买这笔股权的人，上报运营中心备案后5日内可以交易，但交易价格不得超过本金的3倍，有多个购买人时，以价高者得之。

会员合伙模式，除了有锁定客源及裂变发展的功能外，它的税务筹划作用也不容忽视。

四、城市合伙人模式

城市合伙人模式，是指企业基于扩大市场占有率及提升销售额之考虑，划分多个区域市场，以优惠政策(例如特许经营)及激励措施(例如成为合伙人)，吸引其他方以贡献资金、资源或人力等形式加盟，最终实现企业既定目标的合伙模式。

我把城市合伙人模式划分为三种类型，分别是不出资占股、出资不占股、出资占股，如图2-44所示。本书重点说一下第三种类型的具体做法。

图2-44　城市合伙人模式的三种类型

出资占股，即在当地设立城市合伙人公司。总部持有51%股份，有两个目的：第一，相对控股，掌握城市合伙公司的控制权；第二，能够合并财务报表，有利于股权融资及上市。

用剩下的49%股权成立一个或若干个有限合伙的持股平台，由当地牵头的合伙人担任GP(普通合伙人)，其他的跟随者担任LP(有限合伙人)。

如果按持股比例分配，城市合伙人可能干劲不足，合伙就不能长久，"稳商"就成为空话。在实操中，可以在公司章程和股东协议设计同股不同分红的规则，例如以某城市合伙公司的年销售收入(注：也可以选择净利润或营业利润等指标)为标准制定不同的分红比例，如表2-52所示。

表2-52　城市合伙人动态分红

年销售收入X/万元	分 红 比 例
$1000 \leqslant X < 2000$	55%
$2000 \leqslant X < 3000$	65%
$3000 \leqslant X < 4000$	75%
$X \geqslant 4000$	85%

对于具体分红比例，各公司可视实际情况制定。

城市合伙人模式多应用于服装、美容美发、食品、医疗器械、培训、化妆品等行业。我们咨询团队曾为服装、白酒、教育、猪饲料、化妆品等多家企业设计实施城市合伙人机制。

案例2-31　某护肤品公司城市合伙人管理办法

2022年，某护肤品公司(以下简称"公司或公司总部")为拓展××护肤品市场，特在B市组建合伙公司，并发展一定数量的城市合伙人，城市合伙人通过投资入股方式与公司形成利益共同体。为明确城市合伙人的资格、分红及退出之规则，根据《公司法》《民法典》的相关规定，特制定本办法。

一、城市合伙人的资格(同时满足)

(1) 愿意从事护肤品行业工作,并且认同公司的品牌文化和企业价值观。

(2) 在当地有一定资源,能够开拓本区域新客户,提升本公司产品的市场占有率。

(3) 出资额度为50万元~100万元,合伙公司人数不超过6人。

二、城市合伙人申请的流程

(1) 申请人向公司总部的市场中心申请。

(2) 公司总部市场中心于3日内审核通过。

三、城市合伙公司的设立

(1) 城市合伙公司注册资金为500万元。

(2) 城市合伙公司的股权架构如表2-53所示。

表2-53　城市合伙公司的股权结构

股　东	持股比例	投资金额/万元
公司总部	20%	100
有限合伙企业	80%	400
合计	100%	500

公司总部担任有限合伙企业的GP,持股比例为0.1%。

城市合伙人出资完成后,在有限合伙企业持股,担任LP,持股为99.9%。

在城市合伙人当中,推选一人担任城市合伙公司的总经理,总经理每届任期为3年,可连选连任,但最多不超过2届。同时,由公司总部的区域经理担任副总经理,主要负责贯彻执行公司总部的政策,确保总部销售目标的达成。副总经理不在城市合伙公司领工资,当城市合伙公司超额完成销售目标10%时,给予税前3%的虚拟分红。

2022年城市合伙人入股价格为1.0元/股,以后年度根据城市合伙公司的账面净资产进行动态调整。

四、城市合伙公司的分红

1. 分红的条件(同时满足)

(1) 城市合伙公司年销售收入超过1800万元。

(2) 城市合伙公司的净利润大于180万元。

(3) 城市合伙人的年度销售目标完成率超过90%。

2.分红的公式

城市合伙人的分红金额=(城市合伙公司净利润 × 80%-区域经理税前3%的虚拟分红) ×持股比例×业绩分红系数。

(1) 根据《公司法》规定，公司盈利后需提取净利润的10%作为盈余公积金，再提取净利润的10%作为城市公司的发展基金，未来可投入其他区域市场。

(2) 城市合伙公司的各股东，按各自持股比例分配分利。

(3) 业绩分红系数与业绩完成率相关，如表2-54所示，其中业绩达成率=实际销售收入/目标销售收入。

表2-54　业绩分红系数表

业绩完成率	120%(含)以上	100%(含)～120%	80%(含)～100%	80%以下
业绩分红系数	1.5	1.2	0.8	0.6

举例1：假设2023年城市合伙公司目标收入1800万元，实际销售收入2000万元，实现净利润200万元，业绩分红系数为1.2(注：业绩完成率≈111.11%)，扣除区域经理3%的税前虚拟分红，则城市合伙公司可分配红利=200×80%-200×3%=154(万元)。

假设2022年城市合伙人张三投入50万元，个人销售目标达标，则张三分红=154×(50/500)×1.2=18.48(万元)。

举例2：假设2023年城市合伙公司目标收入1800万元，实际销售收入1500万元，实现净利润150万元，业绩分红系数为0.8(注：业绩完成率≈83.33%)，则城市合伙公司可分配红利=150×80%=120(万元)。

假设2022年城市合伙人张三投入50万元，个人销售目标达标，则张三分红=120×(50/500)×0.8=9.6(万元)。

五、城市合伙公司的财务

(1) 城市合伙公司配置主办会计1名，出纳1名，由公司总部在当地招聘，受公司总部财务中心及城市合伙公司总经理的双重领导。

(2) 城市合伙公司主办会计每季度向各城市合伙人报送费用数据及分摊、进货及库存数据、营收数据等。

(3) 城市合伙公司主办会计于每年春节前及7月31日前把相关的财务报表通过电子邮件发送给各城市合伙人。

六、城市合伙人的退出

城市合伙人的退出分三种情形：盈利退出、亏损退出和淘汰退出。

(一) 盈利退出

1. 正常退出

(1) 触发条件：城市合伙人主动申请退出，且从事本行业的经销商有购买意向，须在15日内向公司总部提出书面申请。

(2) 价格：按城市合伙公司当期的每股价格购买。

举例：假设2022年城市合伙人李四投入60万元，2024年因个人财务紧张申请退出投资，某外部投资人王二(符合城市合伙人标准)同意购买其股权，同时假设2024年当期价格为1.15元/股，那么李四以69万元退出。

2. 兜底退出

(1) 触发条件：城市合伙人主动申请退出，且其他人没有购买意向。

(2) 回购：城市合伙公司进行兜底回购，30日内退回其入股本金。

举例：假设2022年城市合伙人丁五投入60万元，2023年因个人财务紧张，申请退出投资，其他人没有购买意向，则城市合伙公司按成本兜底回购，那么丁五以60万元退出。

(二) 亏损退出

1. 折价退出

(1) 触发条件：城市合伙公司亏损金额小于或等于投资金额的30%。

(2) 回购：城市合伙公司仍持续经营的，按城市合伙公司账面净资产的8折回购。

2. 清算退出

(1) 触发条件：城市合伙公司亏损金额大于投资金额的30%。

(1) 清算：对城市合伙公司进行清算，清算完以后，各城市合伙人于30日内按城市合伙公司账面净资产退出。

(三) 淘汰退出

(1) 触发条件：城市合伙人连续2个年度的业绩绩效完成率低于50%。

(1) 强制回购：城市合伙公司盈利时，于30日内退回本金；城市合伙公司亏损时，按账面净资产退出。

笔者所在公司也启动了城市合伙人项目，在此我把合伙协议分享给大家，希望对大家有所帮助。

案例2-32　某咨询公司一级/二级城市合伙协议

甲方：上海中合教育科技有限公司

乙方：＿＿＿＿＿＿＿＿＿＿＿＿＿＿

甲乙双方经协商，本着友好合作的原则，就乙方作为甲方城市合伙人并代理甲方产品之事项，达成如下协议。

1.授权合作内容

1.1　甲方授权乙方组建"企欣管理咨询合伙人制度团队"，乙方在协议期内以＿＿＿＿级战略合作伙伴的名义在＿＿＿＿＿＿＿＿＿地区对甲方培训课程及咨询项目进行销售和推广。

1.2　乙方是一家合法注册的企业顾问公司，拥有自己的销售团队，拥有丰富的客户资源和较强的销售能力。

2.销售收益和支付说明

2.1　乙方佣金与提成标准如表2-55所示。

表2-55　城市合伙人提成标准

项　　目	价　　格	一级城市合伙返点比例	二级城市合伙返点比例
公开课：1天合伙模式	680元/人	50%	50%
公开课：3天2晚合伙模式精华方案班	12 800元/人	60%	50%
企业内训：1～2天 顶层设计及合伙模式	30 000/天	40%	35%
咨询项目：1～3个月 定制合伙人制度咨询项目	40万元	20%	15%

2.2　关于城市合伙人等级的说明

2.2.1　一级城市合伙人的资格和要求

★预付培训款【5】万元，后续可以抵扣培训款。

★每2个月至少排课【1】场，否则甲方有权取消其城市合伙人资格。

★在地级城市拥有独家代理权。

★甲方一年内免费赠送【6】次课程。

★乙方业绩达到【100】万元，甲方拿出乙方业绩金额的【10%】对乙方进行奖励。

2.2.2 二级城市合伙人的资格和要求

★预付培训款【2】万元，后续可以抵扣培训款。

★每4个月至少排课【1】场，否则甲方有权取消其城市合伙资格。

★甲方一年内免费赠送【3】次课程。

★如果第二年增加预付款或当年内培训业绩达到【100】万元，升级为一级城市合伙人资格。

2.2.3 三级城市合伙人的资格和要求

★预付培训款【2】万元，后续可以抵扣培训款。

★甲方一年内免费赠送【1】次宣导班课程，后续宣导班课程按照【8000】元/次结算，落地班课程按照【15 000】元/次结算。

★如果第二年支付预付款或当年内培训业绩达到【50】万元，升级为二级城市合伙人资格。

2.3 收益支付

2.3.1 客户在讲课现场交全款的，乙方需在【3】个工作日内把相应款项转到甲方指定账户；对于交定金的客户，客户付款后，乙方需在【3】个工作日内把相应款项转到甲方指定账户，甲方给乙方提供相应发票；如果客户在听课前退款，甲方把相应款项退到乙方指定账户。

2.3.2 对于个性化定制的咨询项目，由甲方直接与客户签订合同。每当甲方收到一笔客户款，【10】个工作日内即按比例给乙方支付佣金。乙方给甲方开具增值税专用发票。

3. 甲方对乙方的支持

3.1 甲方保证授课品质，授课满意率不低于【90%】。

3.2 广告支持：甲方于公开课或者峰会上宣传，甲方有大量专职市场人员进行网络和地面的立体宣传。

3.3 物料支持：对于正式签约的合作伙伴，甲方给合作伙伴提供产品宣传资料。

3.4 销售支持：甲方为乙方提供基本销售话术、客户开发短信、相关书籍资料等。

3.5 培训支持

3.5.1 甲方每年组织"合伙人制度"训练营至少【2】次，代理商可安排【2～5】人参加。

3.5.2 甲方每年组织"合伙模式"训练营至少【3】次，代理商可安排【2～5】人参加。

3.5.2 甲方每年组织"顶层设计及合伙模式"训练营至少【2】次，代理商可安排【2～3】人参加。

3.6 驻场支持

3.6.1 甲方可以安排专业老师到城市合伙人公司做驻场指导，并协助公司人员开发市场。

3.6.2 甲方可以安排资深的培训行业专业人士对城市合伙人公司的销售团队进行训练。

3.7 师资支持

乙方组织推广课、论坛、沙龙、私董会等活动时，甲方选派专业讲师予以支持，讲师的交通、食宿费用由乙方承担，乙方安排专人进行接待。

4. 双方的权利和义务

4.1 甲方负责产品研发及收费标准、招生政策的制定，并根据市场及业务发展需要变更价格政策，甲方价格政策发生变更时，将提前书面通知乙方。

4.2 甲方有权对乙方的市场销售价格进行监督，乙方在销售过程中不得扰乱甲方的产品价格体系，不得以任何形式对甲方产品降价或变相降价销售，乙方为支持销售给予客户的礼物和其他自有产品的销售配送行为不在此限。

4.3 乙方承诺作为一家合法注册的顾问公司，在招生过程中不得采取任何违法手段，并对所有的销售行为承担独立的法律责任。

4.4 乙方不得帮助甲方在职与离职人员走私单。一旦发现城市合伙人所招学员，出自甲方在职与离职人员，无须取证，甲方扣除乙方全部代理费用，取消乙方的城市合伙资格，乙方须赔偿因此给甲方造成的一切损失，甲方保留向法院起诉的权利。

4.5 乙方在协议期内，严禁代理及从事其他同类课程的推广与销售活动。一经发现，甲方即刻取消乙方城市合伙人代理资格，此城市合伙代理协议失效。

4.6 乙方在市场开发过程中应以甲方合作伙伴的身份出现，与客户签约时应使用甲方规定的合同，如果乙方擅自承诺服务内容而引发纠纷，甲方概不负责，乙方必须指引客户将相关款项直接汇入甲方指定的银行账户。

4.7 未经甲方允许，乙方不得以任何方式对甲方课程内容和授课过程进行记录(包括但不限于拍照、录音、录像等)，乙方不得将课程内容、课件、讲义及其他与课程有关的内容通过摘抄、复制或其他方法转制成文本制品、音像制品或其他形式的制品，不论该行为出于何目的。

4.8 甲方的咨询项目实行项目总监负责制，由项目总监负责商务谈判和组建团队，城市合伙人公司可以配合。如果乙方有些工作人员想进入项目组，可以向项目总监申请。加入甲方的顾问人员，全部由顾问师做起，再晋升至项目经理和项目总监。

4.9 甲方应设立专门的负责人与乙方进行接洽和联络，甲方指定＿＿＿＿＿＿＿＿为渠道总监。

4.10 乙方应设立专门的负责人与甲方进行接洽和联络，乙方指定＿＿＿＿＿＿＿＿为联络人员。

5. 客户保护

5.1 乙方组织推广课、论坛、沙龙、私董会等市场活动时，乙方应将相应客户详细信息录入甲方客户管理系统。该客户未成交之前，保护期为【2】个月，对于未录入甲方客户管理系统的客户，甲方不提供备案保护。

5.2 乙方在与客户成交后，应及时通过客户管理系统进行报备，并于【3】个工作日内与甲方结算款项。当客户需要交付时，还应及时提报相关交付申请(注：课程参训申请、内训交付申请等)，则该客户保护期长期有效。

5.3 若因渠道商业务人员服务不到位，导致客户产生意见，进行投诉，甚至要求更换渠道商，甲方本着客户第一的原则，会以客户的意见为主，但会要求客户提交相关证明并盖章确认。

5.4 在客户未成交之前，依然在保护期内，客户与其他合作单位或者机构成交，客户归属权依然在备案机构，但备案机构应该支付实得部分的【30%】给成交机构，作为成交机构的酬劳。

5.5 备案机构主动邀请其他机构协助成交，应该支付相应酬劳，培训产品一般为销售额的【10%】，咨询产品一般为销售额的【2%】，也可以私下进行协商。

5.6 甲方机构与渠道机构，相互邀请对方协助成交。

5.7 若仍有其他冲突，各机构之间协商解决，若协商不成，则由甲方进行裁决。

6. 合作时间

本协议有效期为一年，履约时间：自＿＿年＿＿月＿＿日至＿＿年＿＿月＿＿日。

7. 其他

7.1 本协议一式两份，双方各执一份，具有同等法律效力。在本协议有效期内，如任何一方提出修改意见，经双方同意可对本协议加以修改或补充，所签署的补充协议与本协议具有同等法律效力。

7.2 协议约定期满前【1】个月，双方可就是否继续合作进行沟通。经过友好协商和全面评估，如果双方继续合作，乙方应在本协议到期前与甲方签署新的合作协议，乙方在同等条件下拥有优先续签权。

7.3 甲、乙双方在履行本协议时若发生纠纷，应友好协商解决，协商不成的，由甲方所在地人民法院裁决。

最后，无论是内部合伙模式还是外部合伙模式，都离不开顶层设计，因为顶层设计决定了奋斗蓝图，大家千万不要"用战术上的勤奋来掩盖战略上的懒惰"。

为什么要进行顶层设计，我在《道德经》第六十四章找到了答案。下面将这段很有哲理的话分享给大家。

其安易持，其未兆易谋；

其脆易泮，其微易散。

为之于未有，治之于未乱。

合抱之木，生于毫末；

九层之台，起于垒土；

千里之行，始于足下。

为者败之，执者失之。

是以圣人无为故无败，无执故无失。

民之从事，常于几成而败之。

慎终如始，则无败事。